인어공주가 다른 남자를 만났다면

인어공주가 다른 남자를 만났다면

이별을 / 부르는 \ 연애 패턴에서 / 벗어나고 \ 싶다

피오나 지음

중앙books

프롤로그

거듭된 시행착오를 단번에 끝내는 법

전작 〈인어공주는 왜 결혼하지 못했을까〉의 질문에서 답을 찾은 분들께 드리는 두 번째 질문!

"인어공주가 다른 남자를 만났다면?"

왕자의 사랑을 얻기 위해 자신의 고운 목소리를 팔아 다리로 바꿔 왕자님에게 다가갔으나 결국 왕자의 사랑을 얻지 못하고 물거품이 된 인어공주가, 에릭 왕자가 아닌 다른 남자를 만났다면 과연 결혼을 했을까?

인어공주뿐만이 아니다. 우리도 자주 과거의 남자를 떠올리며 자신에게 묻는다.

"내가 다른 남자를 만났다면 어땠을까?"

대부분은 지금보다 나을 것이라고, 혹은 그때 그 남자를 계속 만났다면 결혼했을지 모른다는 생각도 한다.

과연 과거로 돌아가서 다른 남자를 만났다 해도 원만하게 연애를 했을까? 아직도 과거의 이별 경험을 '시행착오'라고 여기며, 그만큼 자신을 성장시켜준 밑거름이 되었다고 뿌듯해하고 있는지?

시행착오와 통찰은 다르다. 시행착오란 하나의 지식을 얻기 위해 수없이 많은 시도를 하는 것이다. 쥐가 미로를 몇 번이고 헤매면서 먹이에 도달한다거나 하는 실험과 같다. 그러나 무언가를 알게 되고 배우는 데 시행착오라는 한 가지 방법만 있는 것이 아니다. 바로 통찰이 있다. 시행착오와 통찰은 다르다.

천장에 바나나를 매달아둔 방에 의자를 놔두고 원숭이를 넣었다. 원숭이는 천장의 바나나를 바라보다가 의자를 가져와서는 놓고 올라가서 바나나를 따 먹는다. 이렇게 한 번에 깨닫고 목적을 달성하는 방법이 통찰이다. 이렇게 깨달은 지식은 시행착오로 얻은 지식보다 더 오래간다고 한다.

연애에 대해서도 마찬가지다. 잘못된 연애를 반복하면서 시행착오라고 생각하며 위안하기보다는 제대로 된 연애 한 번으로 성공에 이르러야 한다.

중요한 것은 자기 자신이 '통찰의 능력을 갖고 있는가?' 하는 것이다. 시행착오만을 생각한다면 끊임없이 다른 남자를 만나가며 연애를 배워야겠지만 통찰을 통해서라면 한 남자와 연애를 하더라도 충분히 행복한 연애를 할 수 있다. 자신이 시행착오를 하고 있느냐, 통찰의 능력을 가지고 있느냐에 따라 연애가 달라지는 것이다.

흔히 여자들은 다른 남자를 만나면 달라질 것이라고 생각한다. 그러나 다른 남자를 만나려면 내가 먼저 달라져야 한다. 물론 자기 자신이 변해야 한다고 생각하는 사람은 많다. 하지만 의지를 가지고 있으면서도 정작 구체적인 방법은 모르는 사람들이 더 많다.

생각만 바뀌면 나머지는 저절로 바뀔 것이라 기대하지만 생각이 바뀌고 마음까지 바뀌어야 행동이 바뀌게 된다. 보통은 생각이 바뀐 상태에서 머물고 만다. 아무리 좋은 책을 읽어도 일상의 변화가 없는 것은 생각만 바뀌었기 때문이다.

〈인어공주가 다른 남자를 만났다면〉이 당신의 생각만이 아니라 남자를 대하는 태도, 데이트 습관, 상황별 대처 습관 등 그동안 일상생활에서 놓치고 있었던 부분까지 긍정적인 방향으로 변하게 하는 데 도움이 되길 바란다.

도쿄 디즈니시에는 '인어공주쇼'가 있다. 잔뜩 기대를 하고 봤는데 서커스 형식으로 된 쇼 자체는 멋있었지만 스토리가 황당했다. '인어공주는 호기심에 육지로 가려고 했지만 결국 세바스찬 등 바다 친구들의 설득으로 그냥 바다에 머물기로 한다'는 설정이다. 처음에는 공주와 왕자의 스토리를 기대하고 봤던 터라 왕자가 나오지 않아 허탈했다. 그러다 두어 번 더 보게 되었는데, 이제는 그 스토리가 훌륭해 보이기까지 한다. 왕자를 쫓아가지 않은 인어공주, 자신의 삶을 선택한 인어공주에게는 분명 다른 남자가 다가올 것이기 때문이다.

　이제 "인어공주가 다른 남자를 만났다면?"의 답을 찾는 것은 여러분의 몫이다. 부디 거듭된 시행착오에서 벗어나 통찰로써 자신의 행복을 찾기를!

피오나

연애 스타일 체크!

나는 일반녀인가?

편안한 마음으로 아래의 문항에 답해보자. 시간은 5~10분이면 충분하다.

STEP 1				
1	상대방의 말을 가로막고 자신의 생각을 말하는 일이 많은가요?	예	보통	아니요
2	타인을 엄격하게 비판하는 편인가요?	예	보통	아니요
3	약속 시간을 정확하게 지키나요?	예	보통	아니요
4	이상을 가지고 그것의 실현을 위해 노력하나요?	예	보통	아니요
5	사회의 규칙, 논리, 도덕 등을 중요하게 생각하나요?	예	보통	아니요
6	다른 사람들에게 책임감을 강하게 요구하나요?	예	보통	아니요
7	작은 부정이라도 그냥 넘어가지 못하나요?	예	보통	아니요
8	아이들이나 부하를 엄격하게 교육하나요?	예	보통	아니요
9	권리를 주장하기 전에 의무를 다하나요?	예	보통	아니요
10	"……해야 한다", "……하지 않으면 안 된다"라는 표현을 자주 쓰나요?	예	보통	아니요

STEP2	11	타인을 생각하고 배려하는 마음이 강한 편인가요?	예	보통	아니요
	12	의리와 인정을 중요하게 생각하나요?	예	보통	아니요
	13	상대방의 장점을 잘 깨닫는 편인가요?	예	보통	아니요
	14	남에게 부탁을 받으면 거절을 잘 못하는 편인가요?	예	보통	아니요
	15	아이들이나 다른 사람들을 돌봐주는 것을 좋아하나요?	예	보통	아니요
	16	융통성이 있는 편인가요?	예	보통	아니요
	17	아이들이나 부하의 실수에 관대한가요?	예	보통	아니요
	18	상대방의 이야기에 귀를 기울이며 공감하는 편인가요?	예	보통	아니요
	19	요리, 세탁, 청소 같은 일을 좋아하나요?	예	보통	아니요
	20	사회봉사와 같은 일에 참여하는 것을 좋아하나요?	예	보통	아니요
STEP3	21	자신의 이익을 생각해가며 행동하는 편인가요?	예	보통	아니요
	22	대화 중 감정적으로 되는 경우가 적은가요?	예	보통	아니요
	23	어떤 일이든 잘 분석하고 많이 생각하고 나서 결정하나요?	예	보통	아니요
	24	타인의 의견은 찬반 양론을 모두 듣고 참고로 하나요?	예	보통	아니요
	25	어떤 일이든 사실에 기초하여 판단하나요?	예	보통	아니요
	26	정서적이기보다는 이론적인 편인가요?	예	보통	아니요
	27	결정을 할 때는 고민하지 않고 재빠르게 할 수 있나요?	예	보통	아니요
	28	일을 능률적으로 빠르게 해치우는 편인가요?	예	보통	아니요
	29	앞일(장래)에 대해 냉정하게 예측하며 행동하나요?	예	보통	아니요
	30	몸 상태가 나쁠 때는 자중하고 무리하지 않는 편인가요?	예	보통	아니요

STEP 4	31	자신을 제멋대로라고 생각하나요?	예	보통	아니요
	32	호기심이 강한 편인가요?	예	보통	아니요
	33	오락, 음식 등은 만족할 때까지 요구하나요?	예	보통	아니요
	34	말하고 싶은 것을 거침없이 말해버리는 편인가요?	예	보통	아니요
	35	가지고 싶은 것은 손에 넣어야만 직성이 풀리나요?	예	보통	아니요
	36	"와", "대단하다", "어?" 같은 감탄사를 자주 사용하나요?	예	보통	아니요
	37	직감으로 판단하는 편인가요?	예	보통	아니요
	38	흥이 나면 정도를 넘어 즐기게 되나요?	예	보통	아니요
	39	자주 화를 내는 편인가요?	예	보통	아니요
	40	눈물이 많은 편인가요?	예	보통	아니요

STEP 5	41	생각하는 것을 말로 하기 어려운가요?	예	보통	아니요
	42	다른 사람들의 마음에 들기를 바라나요?	예	보통	아니요
	43	작은 일에도 쉽게 걱정하며 소극적인 편인가요?	예	보통	아니요
	44	자신의 생각을 관철시키기보다 타협하는 경우가 많나요?	예	보통	아니요
	45	남들의 표정이나 말에 신경 쓰이나요?	예	보통	아니요
	46	괴로울 때는 그냥 참는 편인가요?	예	보통	아니요
	47	타인의 기대에 부응하기 위해 무리하게 노력하나요?	예	보통	아니요
	48	자신의 감정을 억누르는 경우가 많나요?	예	보통	아니요
	49	열등감이 강한 편인가요?	예	보통	아니요
	50	현재 나는 '나다운 나', '진정한 자신'과는 동떨어져 있다고 생각되나요?	예	보통	아니요

다 체크했다면 이번에는 점수를 내자. "예"는 2점, "보통"은 1점, "아니요"는 0점.
STEP 1·2·3·4·5 각각의 분류에 따라 합계를 낸 후 결과를 아래 그래프에 표시해보자.

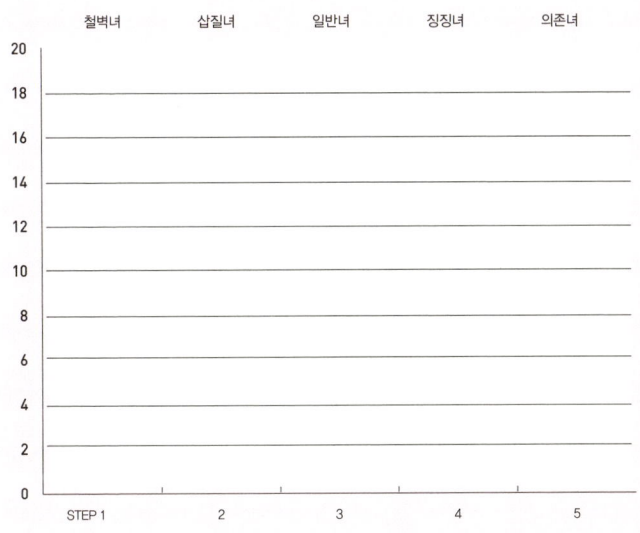

가장 높은 수치를 기록한 부분이 바로 당신의 연애 스타일이다.

이 테스트는 1950년도 에릭 번 박사가 창안한, 인격과 개인 성장의 변화에 의한 체계적인 심리요법 이론인 '교류분석의 에고 그램'을 응용한 것이다. 그에 따르면 사람의 마음에는 세 가지 마음이 공존한다. 부모의 마음인 P(Parents), 어른의 마음인 A(Adult), 어린아이의 마음인 C(Child)다. 이 세 가지가 공존하면서 사람에 따라서 어떤 마음이 강하고 약한지 편차를 가지게 되는데, 재미있게도 많은 사람들의 성향이 각기 다른 것을 알 수 있다.

좀 더 세부적으로 다섯 가지로 나눌 수 있다. 비판적인 부모의 마음 CP(Critical Parents, 비평적인 성향), 포용력 있는 부모의 마음 NP(Nurturing Parents, 배려·동정·모성애가 강한 성향), 성인의 마음 A(Adult, 이성적이고 합리적이며 성숙한 상태), 자유분방한 아이의 마음 FC(Free Child, 자유롭고 감정 표현도 다채로운 성향), 순종적인 아이의 마음 AC(Adapted Child, 인내하고 억제하고 타협하며 남의 기대에 부응하려 노력하는 성향) 등이 그것이다.

이 각각의 마음이 연애에선 순서대로 철벽녀, 삽질녀, 일반녀, 징징녀, 의존녀로 나타난다. 가장 바람직한 상태는 일반녀 성향이 높을 때다. 다른 성향들이 높아도 일반녀 성향이 높으면 무난하게 연애를 하는 사람이 많다.

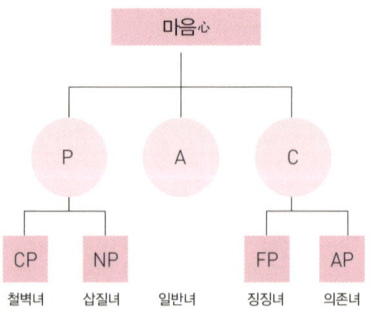

철벽녀는 누구?

결혼 적령기가 되었는데도 연애 경험이 없거나 결혼 생각이 없는 것도 아니면서 아무런 액션도 취하지 않는 사람이다. 겉으로는 남자에게 관심 없는 척하면서도 "이 남자다!" 싶은 사람만 나타나면 바로 결혼할 것이라고 믿는다. 철벽녀의 가장 큰 문제는 '상상과 현실의 괴리!' 실전 경험이 없기 때문에 전혀 인식하지 못하는 것. 자신이 눈만 낮추면 만날 남자는 지천에 깔렸다고 생각한다. 그 남자들이 자신에게 대시할 마음이 전혀 없다는 것은 모른 채.

철벽녀는 연애를 하는 데 있어서 상대방에게 비판적이기 쉽다. 만나보기도 전에 말만 듣고 '깐깐한 사람 같아', '난 그 학교 나온 사람 별로인데' 하는 식으로 미리 거리를 두는 것도 이들의 특징. 원래 철벽녀는 비평 능력이 뛰어나기 때문에 만나자마자 상대의 단점도 잘 찾아낸다. 5분 안에 그 사람의 단점을 10개쯤 찾아내고 다시는 안 만나겠다는 결론을 내릴 수 있는 능력도 있다.

| 철벽녀를 위한 제안 |

철벽녀는 우선 타인과 자신의 생각이 다르다는 것, 그리고 다른 사람들은 빠르고 쉽게 평가하지 못한다는 것부터 인식해야 한다. 흔히 착각하는 것이 이미 자신은 속으로 결론을 내리고 '저

남자도 나처럼 다 생각했을 거야'라고 믿어버리는데, 사실은 그렇지 않다는 것이다. 다른 사람의 장단점을 파악하고, 또 판단을 내리기까지 많은 시간이 걸리는 사람도 있다. 마음의 여유를 가지고 아주 기초적인 평가만 하면서 만남을 이어가기를.

또한 철벽녀에서 벗어나고 싶다면 관심이 있든 없든 상대에게 상냥하게 대하는 자세를 가져보길 권한다. 누구에게든 방어적인 무뚝뚝한 태도를 보이는 사람에게는 친근하게 다가가려는 시도조차 하기 어렵다는 사실.

삽질녀는 누구?

남자에게 먼저 고백하고 헌신하며 남자의 본심은 모른 채 순수한 사랑이라 믿고 몸과 마음을 바쳐 노력하는 여자들이 바로 삽질녀다. 문제는 이 삽질녀들이 엄청나게 못나거나 못생긴 게 아니라는 것. 주변에서 흔히 보는 많은 '괜찮은 여자'들이 나쁜 남자, 혹은 자신보다 못한 남자에게 삽질을 한다. 결과는 남자의 식어버린 관심이나 다른 여자에게 눈을 돌린 변심뿐이다.

갑작스러운 이별에 충격을 받지만, 다음 남자를 만나면 더 잘하고 싶어서 더 열심히 헌신한다. 결국 이 연애조차 최악의 파국을 맞이하고 나면 사랑이 무엇인지, 남자가 무엇인지 도저히 모르겠다는 혼란스러운 상황만 남는다.

| 삽질녀를 위한 제안 |

삽질녀는 말 그대로 뛰어난 배려로 남자를 질려버리게 만드는 타입이다. 오는 전화 다 받아주고 남자의 밥을 챙기며 청소, 요리도 서슴지 않는다. 삽질녀는 우선 자신의 배려심이 남들보다 뛰어나다는 것을 알아야 한다. 상대 남자는 아직 자신에게 많은 것을 해줄 준비가 안 되어 있는데 혼자 앞서나가서는 안 되는 것.

　이제부턴 오는 전화는 1/3만 받고 남자에게 먼저 배려를 받도록 하는 것이 중요하다. 남자에게 배려를 받은 후 고마움을 표시하는 연습이 급선무! 삽질녀는 배려를 받는 자신의 행동이 무례하거나 무심한 것으로 오해받는 것을 두려워하지만, 절대 그렇지 않다는 자신감을 가져야 한다.

징징녀는 누구?

징징녀는 말 그대로 남자에게 징징대는 여자다. 남자의 어떤 배려나 행동에도 만족하지 못하고 계속 불만을 가지며 더 많은 것을 요구하는 타입. 예를 들어 꽃을 사주면 "겨우 꽃이야?"라고 반응하는 등 남자의 마음을 그대로 받아들이지 못한다.

　남자의 생활이나 행동까지도 자신에게 일일이 맞추길 요구하고 뜯어고치길 바라는 것도 이들의 특징. 속으로만 바라는 것이 아니라 꼭 말로 표현해서 얻어내려 한다. 이런 모습을 보여줄 경우 남자들은 처음엔 여자의 마음에 들기 위해 노력하지만 결국에는 포기하거나 자신도 여자에게 이것저것 요구하기 시작한다.

| 징징녀를 위한 제안 |

징징녀는 우선 자신의 생각이 전부가 아니라는 생각을 할 줄 알아야 한다. 남자친구에 대해서도 60퍼센트쯤 알고 있다고 생각하고 40퍼센트는 모르는 채 두는 것이다. 또 남자의 행동에 대해서 감사하다고 표현하는 연습을 하는 게 좋다. 아무리 마음에 들지 않고 만족스럽지 않더라도 우선 고맙다는 표시를 하면 남자는 그 다음에는 여자의 마음에 들기 위해 더 노력하게 된다.

처음부터 불평불만을 표현하면 남자는 '어떤 것으로도 그녀를 기쁘게 해줄 수 없다'고 생각하고 포기하게 된다. 남자의 사소한 행동에도 고마움을 표현하는 것, 그것이 원만한 연애를 위해 가장 중요하다는 걸 잊어선 안 된다.

의존녀는 누구?

의존녀는 우선 남자에게 의존하려는 성향이 강하다. 왜냐하면 남자로 인해 자신의 부족한 점을 메울 수 있다고 생각하기 때문이다. 그래서 의존녀는 보통 남자의 말을 그대로 다 따르는 경우가 많다. 실제로 자신이 하고 싶은 것, 먹고 싶은 것이 있어도 표현하지 않고 남자의 말을 따른다.

물론 처음에는 아주 원활한 연애를 할지 모르지만 의존녀도 사람인 이상 한계는 찾아오는 법. 어느 순간 힘에 부치고 더 이상 맞출 수 없게 되었을 때 감정이 폭발해서 남자에게 이별 선언을 해버린다. 그러면 남자는 왜 지금까지 말을 안 했느냐며 당황해한다.

이때 의존녀의 대답.

"당신이 알고 있을 줄 알았지."

연애의 시작이나 과정이 매끄러운 듯 보이지만 결국 결과적으로는 불행한 여자가 되는 것이 바로 의존녀의 특징이다.

| 의존녀를 위한 제안 |

의존녀에게는 자신의 의사를 표현하는 연습이 필요하다. '나는 스파게티를 좋아해요', '나는 여행을 좋아해요' 등 자신이 좋아하는 것을 표현하는 것부터 시작해보자. 의존녀 중에는 '싫다'는 표현을 잘 못하는 사람이 많으므로, 우선 '좋다'는 것을 표현하고 자신이 좋아하는 것에 대해서 얘기하는 시간을 많이 갖는 게 도움이 된다.

이렇게 자신의 감정을 그때그때 조금씩이라도 표현해야 나중에 한꺼번에 폭발해서 악화되는 일이 없다.

다음은 A·B·C·D·E 각 인물들의 연애 성향을 분석한 결과다.

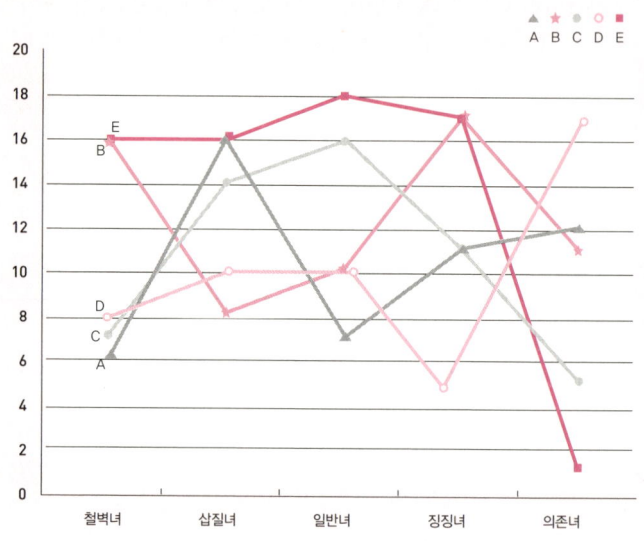

A를 보면 삽질녀 기질이 가장 높고 그다음엔 의존녀 기질이 높다. 이런 경우는 상대방에게 열심히 잘해주다가 뜻대로 되지 않으면 '될 대로 되라' 하고 포기하고 돌아서는 패턴을 갖기 쉽다.

B는 철벽녀, 징징녀 기질은 강하고 삽질녀 기질은 약하다. 처음에는 실컷 따지고 가리다가 연애하게 되면 무조건 자기 뜻

대로 하느라 트러블이 많은 타입이다.

C는 일반녀 타입이다. 철벽녀 기질과 의존녀 기질도 적다. 헌신의 정도도 과하지 않고 징징녀 기질도 보통이다. 이들 중 무난하게 연애할 확률이 가장 높은 경우다.

D는 의존녀 기질이 유독 높다. 무조건 참고 남자에게 다 맞추다가 나중에는 스스로 견디지 못하고 폭발해서 이별하게 되는 타입.

E는 일반녀 기질이 높지만 의존녀 기질은 1점이다. 표면적으로는 일반녀 기질을 발휘해서 아무런 문제가 없는 듯 보이지만 인내심이 상대적으로 부족해서 남자에 대해 조금이라도 마음에 안 드는 점을 발견하면 그대로 아웃시켜버리는 타입. 인내심이 필요한 경우다.

이제 여러분의 연애 성향을 파악했다면 부족한 부분은 노력을 가하자. 이 테스트에서 중요한 것은 점수가 높은 부분을 억지로 내리는 것이 아니라 부족한 부분을 올리는 데에 있다.

지금 테스트 결과를 메모해두고 스스로 노력한 후 시간이 지나 다시 테스트해보자. 어떤 결과가 나오는지, 자신이 얼마나 달라졌는지 보는 것도 좋은 방법이다.

차 례

프롤로그 거듭된 시행착오를 단번에 끝내는 법 4
연애 스타일 자가진단 테스트 8

1
인어공주 구제 프로젝트 | 생각

왕자로 하여금
물 속으로 들어오게 하라

연애 잘하고 싶지? 26 | 진화과정의 오류1-삽질녀는 왜 징징녀가 되는가? 30 | 진화과정의 오류2-철벽녀는 왜 삽질녀가 되는가? 34 | 왜 나쁜 남자에게 빠지는가! 38 | 남자의 우상화에서 벗어나라 41 | 과거의 상처가 연애를 가로막을 수 없다 46 | 나만이 예외인 연애는 없다 50 | 외로워서 하는 연애는 실패한다 53 | 설마 내가 착한 여자 콤플렉스? 56 | 누가 나 같은 여자를 좋아할까? 60 | 화려한 연애 경력은 훈장이 아니다 64 | 성격차이, 진실일까 변명일까? 67 | 연애에 SOS를 부르지 말 것 71 | 연애에서도 내 시간은 소중하다 74 | 연애와 종교, 미묘한 상관관계 76 | 섹스는 충동이 아니라 결심이다 79 | 인생은 사막 연애는 오아시스 83

세상에 떠도는 연애 조언을 걸러 듣는 법 86
체험기 삽질녀는 어떻게 변화하였는가? 88

2

인어공주 구제 프로젝트 | 태도

헌신이 아닌 애교와 웃음으로 왕자를 사로잡아라

남자를 대하는 태도의 정석 92 | 말은 친절하게 행동은 단호하게 97 | 감정을 폭발시키지 마 100 | 남자친구에게 백전백승하는 법 104 | 변명할 땐 '일'을 핑계로 댈 것 109 | 나 홀로 로맨스에서 벗어나자 112 | 탐정 놀이는 이제 그만! 115 | 그 남자가 나에게 예쁘다고 하지 않는 이유 120 | 헌신과 배려의 차이는? 124 | 당신은 이미 애교가 있다 129 | 관찰 기간은 길수록 좋아 133 | 아무리 사랑해도 거리를 유지해 136 | SNS에서도 이미지 관리는 필요해 139

어느 쉬운 여자의 편지 145

체험기 철벽녀는 어떻게 변화하였는가? 150

3

인어공주 구제 프로젝트 | 대화

침묵으로 왕자를 움직여라

데이트가 편해지는 대화법 156 | 매력적인 이미지를 만드는 대화법 161 | 남자에게 다시 공을 던져라 165 | 침묵으로 남자를

움직여라 170 | 부담스럽다는 말의 진짜 의미 174 | "지금까지 남자 몇 명이나 만나봤어?" 178 | "어떤 남자를 좋아하세요?" 181 | 관계에 재앙이 되는 말 "날 사랑해?" 185 | "날 사랑한다면서 이런 것도 못해?" 190 | "바람 피운 적 있어?" 194 | 밥 챙기기는 그만둬! 198 | 연락에 규칙을 만들지마 202 | 밤 11시 이후의 연락은 받지 않는다 205 | 약속으로 애정도를 판단하지 마 209 | 말 없는 남자 말하게 하기 213 |

남자에게 절대 먼저 연락할 필요 없는 상황 217
체험기 징징녀는 어떻게 변화하였는가? 220

4

인어공주 구제 프로젝트 | 데이트

왕자는 아직 네게 반하지 않았다

첫 만남 전에 알아두어야 할 것들 226 | 애프터 신청을 받았다고 흔들리면 안돼 233 | 애인도 수습기간이 필요해 237 | 굳건한 그의 마음을 확인하고 싶다 240 | 급만남에 헐레벌떡 나가지 마 244 | 결혼하기까지 필요한 시간 248 | 요리 솜씨와 청소능력을 벌써부터 뽐내지 마 252 | 첫 섹스? 쿨한 척 나서지 마 256 | 남자의 가족과 잘 지내는 법 260 | 특급 처방! 프로포즈 받는 법 264 |

제대로 연애를 할 수 있는 남자의 조건 20 268
체험기 의존녀는 어떻게 변화하였는가? 270

인어공주 구제 프로젝트 | 만남&이별

내 인생에
그 왕자가
마지막은 아니다

5

만남을 위한 노력을 우습게 생각하지 마 274 | '까봐 병'에서 벗어나라 277 | 남자 고르는 법 3단계 280 | 나쁜 남자를 만나는 당신의 모습 284 | 실연, 난 뭐가 문제지? 287 | 이별을 두려워하지 마 291 | 남자는 먼저 헤어지자고 하지 않는다 295 | 한 달이면 다 잊을 수 있어 298 | 한 번만 더 연락해볼 필요는 없어 302 | 왜 그 남자와 못 헤어질 거라고 생각해? 306 | 유일한 남자라는 생각을 버려라 310 | 마지막 연애란 없다 313 |

꼭 말리고 싶은 여자들의 착각 20 316

체험기 이렇게 이별을 극복했다! 318

부록 | 상황별 연애 성공전략

    짝사랑을 이루는 법 324

    사내 연애에 성공하는 법 326

    연하남과 연애하는 법 328

    유학 생활을 하며 연애하는 법 330

    정말로 좋아하는 여자를 만나는 방법(남자들에게 드리는 글) 332

에필로그 미혼의 어두운 터널을 건너고 있는 여자들에게 337

인어공주
구제
프로젝트

생각
○
1

왕자를 하여금
물속으로
들어오게 하라

왕자로 하여금 물속으로 들어오게 하라 ○

연애
잘하고 싶지?

여자친구들끼리 흔히 나누는 대화.

삽질녀 내가 전화를 안 하면 도통 안 해. 내 남친은 도대체 표현할 줄을 몰라. 언제쯤 나아지려나.

징징녀 거 봐. 내가 말했잖아. 내가 어제 좀 화를 내며 남자가 표현을 해야 한다고 했더니 오늘 아침에 전화했더라고.
(징징녀, 아주 뿌듯해하고 삽질녀는 징징녀를 엄청 부러워한다.)

철벽녀 너희들은 어떻게 그렇게 머리를 써가며 연애를 하냐. 참 힘들게도 산다.

의존녀 내 남친은 내가 자꾸 전화한다고 뭐라 그래. 너무 바쁜가 봐.
(이때 분위기를 의식한 일반녀가 슬며시 얘기한다.)

일반녀 내 남친은 아침저녁으로 전화는 하는데, 뭐 표현이 많지는 않아.

이 이야기를 듣자 삽질녀, 의존녀, 징징녀의 불안이 한꺼번에 사라진다. 왜냐? 정상적인 연애를 하는 것처럼 보이는 일반녀도 아침저녁으로 전화 한 통을 할 뿐, 표현도 그다지 많지 않다고 하니까.

여기에 문제가 있다. 삽질녀는 왜 남자친구가 표현이 없는지 모르고, 징징녀는 자신의 잔소리가 효과 있다고 믿으며, 철벽녀는 언젠가 자신은 아주 멋진 로맨스를 누리겠다고 꿈꾸고 있는 것. 일반녀는 분위기 때문에 자신감 있게 얘기를 못하고 그저 하루에 전화 한두 통 정도 한다고 했지만 진짜 상황은 엄청난 차이가 있다.

남자의 입장에서 보자. 삽질녀의 그 남자는 표현할 의지가 없다. 삽질녀가 다 해주니까. 징징녀의 그 남자는 징징녀의 잔소리에 하는 척한 것뿐이다. 잔소리를 듣기 싫으니까. 철벽녀의 미래의 그 남자는 지금 철벽남인 채로 있을지 모른다. 일반녀의 그 남자는 꼬박꼬박 정성스럽게 일반녀에게 전화를 하고 표현을 해주고 있다. 자, 여러분은 어느 쪽인지?

또 하나의 예를 보자.

삽질녀 도대체 프러포즈를 할 생각이 없나 봐. 사귄 지 2년이 되어가는

데, 도대체 난 언제 결혼할지 모르겠어.

징징녀 안 그래도 내가 지난주에 이렇게 결혼 얘기도 없이 만날 거면 헤어지자고 했더니 생각 좀 해보겠대.

의존녀 그럼 프러포즈를 받을 수도 있겠네? 역시 너처럼 그렇게 해야 하나 봐. 내 남친은 결혼 얘기만 꺼내면 딴소리야.

(얘기를 듣던 철벽녀, 이미 자신은 영화 속의 한 장면처럼 근사한 프러포즈를 받는 상상에 휩싸인다. 이때 일반녀가 조심스럽게 말을 꺼낸다.)

일반녀 나도 프러포즈 받을 때 별거 없었어. 꽃이랑 싸구려 반지였어. 남자들이 뭐 대단한 거 하겠니.

(겸손하게 말하는 일반녀. 삽질녀, 징징녀, 의존녀에게 또다시 희망이 생긴다. 삽질녀는 '역시 잘나가는 친구도 남자친구가 별로 해준 게 없네'라고 위안하고, 징징녀는 '생각한다고 했으니 저 이상은 해주겠지'라고 기대한다. '아니면 내가 그놈하고 결혼을 왜 해!'라고 다부진 각오를 한다. 의존녀는 '내 남자친구는 저것보다는 잘해주려니 시간이 걸리는 거야'라고 생각한다.)

이때 철벽녀, 자신이 나설 때다 싶어 하는 말.

철벽녀 왜, 그런 거 있잖아. 남자가 와인을 주문했는데 와인 속에 반지가 들어 있는 게! 난 그런 프러포즈가 좋을 것 같아.

(이때 갑자기 분위기에 화색이 돈다.)

모두 함께   그래그래. 정말 멋있어! 근데 우린 언제 그런 프러포즈 받아 보지?

이렇게 또 무의미하게 대화가 끝난다. 남자의 상황을 살펴보자. 삽질녀와 의존녀의 남자는 여자와 결혼할 생각이 없다. 징징녀의 남자는 마지못해 결혼한다고 생각할지도 모른다. 철벽녀의 그 남자는 영화 속에서만 존재한다. 정말 프러포즈를 한 남자는 일반녀의 남자뿐이다.

삽질녀, 징징녀, 의존녀는 늘 다른 사람들과 자신의 연애가 별다르지 않다고 생각한다. 철벽녀는 언젠가 꼭 로맨틱한 연애를 할 것이라 믿어 의심치 않는다. 오히려 그저 그런 연애를 하는 듯 보이는 일반녀가 더 초라해 보인다. 그러나 이제부터 우리는 일반녀의 연애에 주목해야 한다. 일반녀가 삽질녀와 징징녀, 의존녀에게 상처주지 않으려고 겸손하게 말했다고 해서 실제로도 그렇다고 착각해선 안 된다.

혹시나 <u>자신이 삽질녀나 징징녀 혹은 철벽녀나 의존녀이면서 다른 친구들과 비교해도 별다르지 않다고 생각했다면, 스스로의 그 위로가 바로 희망 없는 연애를 반복하도록 만들었던 것이다.</u> 일반녀를 찾아내서 꼭 그녀의 얘기를 귀담아 들어보자. 착각에서 빨리 벗어날 수 있을 것이다.

왕자로 하여금 물속으로 들어오게 하라

진화 과정의 오류1

삽질녀는 왜
징징녀가 되는가?

삽질녀는 왜 일반녀로 진화하지 못하고 징징녀가 되는 걸까?

우선 자신의 상태를 정확히 알아야 한다. 대부분 연애를 할 때는 어느 정도 삽질을 하기 때문에 그 자체만 보고 자신을 삽질녀라 생각하고 더 천연덕스럽게 징징거리는 오류를 범하기도 한다.

삽질녀는 상대방을 내 방식대로 위하는 것이 사랑이라고 믿는다. 예를 들면 남자에게 부담될까 봐 만날 때도 남자 쪽으로 가고, 돈이 부담되어 못 만날까 봐 데이트 비용도 최소한 반은 내주고, 기념일이나 생일엔 각종 이벤트까지 챙긴다. 정작 자신은 선물을 못 받아도 남자에겐 꼭 선물을 주면서 사랑을 표현했다고 뿌듯해한다.

여기서 그치면 그나마 다행. 심지어 남자의 먹을거리까지 열심히 챙긴다. 아침, 점심, 저녁 세 끼를 제때 먹는지, 뭘 먹는지 걱정한다. 음식을 챙겼다는 생각이 들면 그 다음은 남자의 가족과 친구를 챙긴다. 한 번도 얼굴을 본 적은 없지만 남자친구 어머니의 생일이라면 남자친구를 닦달해서 좋은 선물을 하라고 하며 같이 골라주거나 돈까지 보태주기도 한다. 친구들에 대해서도 학교, 직장, 동호회 별로 꿰고 있고 누구를 얼마나 자주 만나는지도 파악하고 있다.

이렇던 삽질녀가 왜 징징녀로 돌변할까? 바로 남들도 자신과 같을 것이라는 생각 때문이다.

자신에게 해주면 좋은 것을 남에게 하는 것이 바로 삽질녀의 시작이다. 남자가 나한테 전화를 하면 기분이 좋으니까 나도 남자한테 전화를 많이 해야지, 남자가 나한테 갑자기 만나자고 하면 기분이 좋으니까 나도 남자한테 갑자기 만나자고 해야지, 남자가 나한테 밥 먹었냐고 물어보면 배려라고 생각하니까 나도 남자한테 밥 먹었냐고 물어봐야지, 남자가 나한테 키스해주면 기분 좋으니까 나도 남자한테 먼저 키스해줘야지. 이런 배경에서 삽질이 시작되는 것이다.

문제는 남자에게서 원하는 만큼 반응이 오지 않는다는 것.

어느 순간 정신을 차리고 보니, 전화는 내가 다 하고, 내가 늘 만나러 가고, 나만 밥 먹었냐고 묻고, 내가 시도하지 않으면 스킨십마저 하지 않는다는 것을 알게 된다.

일반녀로 진화하느냐, 징징녀가 되느냐는 바로 이 순간의 반응에 달려 있다. 일반녀가 되려면 아무 말 없이 남자 곁을 떠나면 된다. 이른바 잠수를 타는 것. 그러나 대부분은 내가 떠나면 남자도 떠날 것이라는 공포감에 떠나지 못하고 대신 징징대기 시작한다.

전화 좀 해줘라, 좀 더 자주 만날 수 없냐, 밥은 제대로 먹고 다녀라, 친구 좀 그만 만나라, 어머니한테 잘해드려라 등등. 지금까지 내가 했던 것을 네가 반만이라도 해주면 좋겠다며 남자에게 징징거리는 것. 내성적인 사람들은 속으로 징징댄다. 남자에게 표현은 못하고 주변의 친구들에게만 징징대는 것이다. "세상에, 내가 생일 선물 좋은 거 해줬는데 그 인간은 내 생일도 까먹더라"부터 시작해서 "그 남자, 좀 못하는 거 같아. 정력이 약한가"라며 신체적 불만까지 얘기한다.

이 모든 불만은 나와 그 사람이 다르다는 것을 절대로 인정하지 못해서 생기는 것이다. 그리고 나의 행동을 상대방이 모두 고마워할 것이라는 큰 전제도 한몫 한다. 자신의 행동을 그가 귀찮아할 것이라는 생각은 꿈에도 못한다. 왜냐? 자신은 그렇지 않으니까. 이 우물 안의 개구리는 그 사실을 절대로 깨달지 못한 채 마냥 징징거리고, 그 사이 관계는 파국으로 치닫는다. 그래서 이별을 하면서도 이별의 이유를 알려달라며 최후의 징징거림을 보이고 만다.

우리는 모든 것을 알 수 없다. 내가 사귀고 있는 남자뿐만 아니라 부모, 형제, 친구에게도 내가 모르고 이해 못하는 부분이 있다. 이것이 바로 우물 밖인 셈이다. 우물 안에서도 우물 밖이 존재한다는 것을 인식하는 것은 상당히 중요하다. 비록 자신은 모르지만 다른 것이 존재할 수 있다는 생각을 해야 한다. 상대방의 생각은 나와 다를 수 있으며 감정 상태가 늘 나와 동일하지 않다는 것도 생각해야 한다.

삽질녀가 징징녀로 진화하는 오류를 겪지 않는 방법은 나와 다른 사람의 생각이 다르다는 점을 인정하는 것이다.

왕자로 하여금 물속으로 들어오게 하라

진화 과정의 오류2

철벽녀는 왜
삽질녀가 되는가?

우선 철벽녀에 대해 알아보자. 철벽녀는 사람을 만나기도 전에, 혹은 어쩌다 한 번 만나더라도 혹시 그 남자와 사귀어서 결혼까지 할까 봐 걱정하고 애초에 싹을 잘라야 한다며 남자를 안 만나는 타입이다. 자기도 모르게 남자를 만날 기회를 원천봉쇄하는 것. 아닌 것 같은 사람에게는 아주 차갑고 냉정하게 자기 뜻을 보여야 한다고 생각하고 행동하기 때문에 늘 남자들에게 '차갑다', '냉정하다'는 말을 듣는다. 그러나 철벽녀는 이런 말에도 전혀 개의치 않는다. 내 인생의 한 남자를 만난다면 자신은 엄청 따뜻한 여자가 될 것이라고 자신하기 때문이다.

그러다 어렵사리 마음을 먹고 남자를 만난다. 외모도 괜찮고 매너도 괜찮고 조건도 좋다. 도대체 이런 남자에게 왜 여자친구가 없을까 이상해하면서도 그 남자에게 잘해주면 좋은 관계로 발전할 것이라 믿는다. 철벽녀가 삽질녀가 되는 순간이다.

그저 남자에게 약간의 관심만 표현하면 일반녀로서 무난히 연애를 할 수 있는데, 꼭 주변에서 들은 얘기나 자신이 생각하는 연애 성공 비법을 다 활용하려 드는 것이 문제. 아무리 주변에 좋은 남자가 있다 해도 눈앞의 남자만 바라보고, 더구나 앞으로 어떻게 또 이런 남자를 만날까 걱정하며 열심히 삽질만 하는 것이다.

대체 왜 철벽녀들은 삽질을 하는 것일까? 이유는 간단하다. 보상 심리 때문이다.

철벽녀는 친구들처럼 남자를 함부로 만나지 않았다고 자부하고, 남자를 엄선하여 골랐다고 믿기 때문에 지금 이 남자는 자신의 인생을 건 남자라고 생각한다. 그런 남자니까 무슨 짓을 해서든 잡아야 된다고 마음먹는 것이다. 그 무슨 짓이란 것도 그동안 친구들이 했던, 그렇고 그런 것들일 확률이 높다.

예를 들어 남자가 '요리해주는 것을 좋아한다'고 하면, 철벽녀는 자신이 직접 요리하지는 않더라도 만들어진 음식을 사서 자기가 만든 척한다. 이 부분이 모든 걸 자신이 직접 해내어 갖다 바치는 삽질녀와 구분되는 포인트. 삽질녀는 자신이 직접 만들지 않은 음식은 차마 건네지 못한다. 그러나 철벽녀들은 내키지는 않지만 남들이 하는 건 해야 한다고 생각해서, 흉내를 내서라도 열심히 따라 한다. 그것이 삽질인 줄도 모른 채!

심지어 스킨십도 진행시킨다. 삽질녀는 아무리 술이 취해도 남자가 원한다면 안 취한 척하고 원하는 스킨십을 해주는 데 반해 철벽녀는 술이 센 편인데도 불구하고 술이 약한 척하며 스킨십을 유도한다. 남자가 넘어오지 않아도 우울해하지 않고 다시 좀 더 노력해봐야겠다며 긍정적으로 마음을 먹는다. 불도저 식으로 밀어붙이는 타입인 것.

또 하나, 철벽녀들의 공통점은 외모에 상당히 민감하다는 것이다. 외적 조건에 대해선 대부분의 여자들이 민감해한다. 다만 삽질녀들이 외모보다 남자의 마음을 더 중요하게 생각하는 것에 비해 철벽녀들은 조건, 마음, 외모 중 당연히 외모를 먼저 본다. 남자가 아무리 친절하게 다가와도 외모가 자신의 타입이 아니면 절대 남자를 거들떠보지 않았기 때문에 철벽녀가 될 수 있었던 것인지도 모른다. 그래서 자신이 정성을 쏟는 남자에게서 벗어나기 힘들다. 지금 그 남자보다 잘생긴 남자를 만나기는 확률적으로 어렵기 때문이다.

물론 외모를 보는 것도 개인의 취향일 수 있다. 다만 조금 긍정적인 방향으로 범위를 넓혀보자는 것이다. 예를 들어 마른 남자, 보통 체격의 남자, 풍풍한 남자, 이렇게 셋이 있다 치자.

마른 남자는 정말 싫다거나 뚱뚱한 남자는 정말 싫다거나 하는 극단적인 취향이 있을 수 있다. 이럴 때엔 더 싫은 쪽만 제외시킨다. 마른 남자가 정말 싫다면 보통 체격의 남자와 뚱뚱한 남자는 후보에서 제외시키지 않는다. 뚱뚱한 남자가 싫다면 보통 체격의 남자나 마른 남자를 남겨놓는다. 자신이 정말 극복할 수 없는 최저 기준만 제거하는 것으로도 만날 수 있는 남자의 범위를 넓힐 수 있다.

여행지를 고를 때 '필리핀'이라고 못 박아 정해두었다가 다른 여건들이 맞지 않아 아예 못 가는 것보다는 조금 더 범위를 넓혀서 '동남아시아'라고 정한 후 이런저런 여건에 맞는 여행지를 찾아 떠나는 것이 나은 것처럼.

철벽녀가 삽질녀가 아니라 일반녀로 제대로 진화하기 위해서는 자신의 취향인 남자를 만났을 때 보상 심리를 갖지 않아야 하고 남자에 대한 조건의 범위를 넓게 잡아야 한다.

왕자로 하여금 물속으로 들어오게 하라

왜 나쁜 남자에게 빠지는가!

왜 우리는 나쁜 남자에게 빠지는 걸까? 머리로는 나쁜 사람이란 걸 알지만 마음으로는 측은지심인지 아니면 내 마음이 모질지 못해서인지 도저히 끊기가 어렵다. 왜일까?

소개팅을 했는데 호감이 생겼다. 남자도 싫은 눈치는 아니었는지 두 번째 만남도 요청했다. 자상하게 자주 연락해주는 모습에 마음이 더 끌렸다. 세 번째 만났을 때, 남자는 더더욱 분위기를 잡고는 사랑하게 된 것 같다고 고백한다. 황홀한 기분에 젖은 여자에게 남자는 서로의 사랑을 확인하고 싶다고 한다. 같이 자자는 얘기다. 그러나 여자는 감히 묻지는 못한다. 잠을 자자고 하는 것 같기는 한데 먼저 말해서 확인하기는 겁나고,

또 지금 거절하면 어렵게 생긴 남자친구가 떠날 것 같다. 그래서 자신도 많이 좋아한다고 말했더니 남자는 자기가 하자는 대로 해주면 안 되겠냐고, 너를 너무 원한다고, 이런 느낌 처음이라며 여자에게 달콤한 말을 속삭인다. 여자는 망설이면서도 남자의 말이 싫지 않다. 어떻게 하다 보니 함께 침대에 있게 되었고 또 그의 따뜻하고 열정적인 애무에 그만 몸을 맡겨버리고 만다. 다음 날, 그는 여전히 자상하다.

연락하겠다고 하더니 전과 달라진 남자. 하루에 열두 번도 더 오던 연락이 뚝 끊겼다. 이 남자가 내 몸만 노린 건 아닌지 화는 나지만 그래도 자존심이 있어서 먼저 연락은 안 한다. 그렇게 2~3일이 지나 그에게서 다시 연락이 왔다. 목소리는 여전히 밝고 그동안 어떻게 지냈는지 물어온다. 그러고는 만나자는 얘기도 없이 전화를 끊는다. 여자는 그래도 전화는 왔으니까 다행이라고 생각하며 조금 더 기다려보자고 생각한다.

일주일이 지나도록 문자와 전화 통화만 간간이 할 뿐 만나자는 얘기는 없다. 그러다가 갑자기 밤중에 전화가 온다. "나 술 좀 먹었는데 네가 너무 보고 싶어. 지금 만날 수 있어?"라는 남자의 말에 여자는 남자를 만나러 간다. 두 사람은 기쁨의 재회를 하며 밤도 늦었으니 모텔로 간다. 그렇게 또 밤을 보내고 다음 날 아침, 남자는 자상하게 다음에 또 연락하겠다고 하고는 헤어진다. 이렇게 몇 개월이 흐른다. 여자는 이 남자가 애인인지 아닌지도 모르겠고 또 헤어지는 건 아닌 것 같다고 막연히 생각하며 남자에게서 연락이 오기만을 기다린다.

왜 이런 일이 일어날까? 글로 써놓고 봐도 나쁜 남자인데 왜 정작 여자는 남자를 못 떠나는 걸까?

답은 간단하다. 단맛이 쓴맛을 싸고 있기 때문이다. 남자는 기다리고 애타게 하는 고통을 주지만 동시에 만나서 즐겁게 해주는 단맛도 제공한다. 그 단맛은 쓴맛이 있기 때문에 더더욱 달게 느껴지는 것이다. 당신은 그 단맛에 집착하기 때문에 심심풀이 남자도, 당신에게 관심 없는 남자도 못 끊는 것이다.

그러나 당신에겐 계속 단맛만 주는 남자가 분명히 있을 것이다. 그런 남자를 만나기 위해서는 진짜 단맛을 알아야 하고 단맛만 먹어도 질리지 않을 줄 알아야 한다. 하루에도 몇 번씩 천국과 지옥을 오가게 만드는 남자, 관계 규정을 애매하게 해서 친구도 아니고 연인도 아닌 남자. 그런 남자들이 주는 단맛, 쓴맛에 길들여지지 않는 것이 무엇보다 중요하다.

왕자로 하여금 물속으로 들어오게 하라

남자의
우상화에서 벗어나라

오늘도 오매불망 '그 남자'를 잊지 못하고 잠 못 이루고 주변 친구들에게 하도 하소연을 해서 따돌림을 당하면서까지 도대체 왜 '그 남자'에게서 벗어나지 못하는 걸까? 아마도 상대방을 하루 종일 생각하는 '감정 고리'가 큰 원인일 것이다. 남자가 아침에 제대로 일어났는지, 출근은 제대로 했는지, 혹시 이 시간쯤엔 나에게 문자를 보내지 않을지 등등. 이 감정 고리 말고 또 무서운 것이 하나 있다. 바로 '남자의 우상화'다.

대부분의 여자들이 이별을 하고 감정 고리에서 빠져나오면 '그 남자, 별거 아닌데 내가 왜 그랬지?'라고 생각한다. 그렇다면 무엇이 그 남자를 그렇게 멋있고 세상에서 유일무이한 존재로 만들었던 것일까? 그리고 어떻게 우상화된 것일까?

　사람은 누구나 애정이 있는 상대에게는 '우상화'의 감정을 느낀다. 연예인을 볼 때도 마찬가지로, 설명할 수 없는 호감으로 연예인의 팬이 되고 우상화를 한다. 한마디로 "무얼 해도 너무 멋있는" 지경이 되는 것.

　현실에서 연애를 하기 위해서는 이 우상화에서 벗어날 필요가 있다. 연예인을 좋아하는 것과 애인을 좋아하는 것은 구별할 줄 알아야 한다. 연예인을 좋아하는 것과 애인을 좋아하는 것 사이에 놓인 것이 '짝사랑'이다. 외모와 분위기를 보고 우상화를 하듯이 접촉이 별로 없는 상대나 나에게 관심이 높지 않은 상대에게 사랑을 느끼는 것이다.

　문제는 사귀는 남자에 대해서도 우상화를 한다는 것이다. 사귀는 사람에 대해서 애정은 필요하지만 우상화는 필요 없다. 그 사람의 제대로 된 모습을 볼 수 없기 때문이다.

　우상화란 "그 남자가 세상에서 최고이며 더 이상 더 좋은 남자는 못 만날 것이다"라고 믿어 의심치 않는 것이다. 그렇다면 어떤 현상이 우상화일까?

　첫째, 장점 하나만 크게 부각시킨다.
　이 경우는 상당히 많다. 그 장점은 보통 신체적 특징인 경우가 많다.

"다른 건 다 별로인데 키가 커서 좋아."
"웃는 모습이 너무 좋아."
"다리가 길어서 좋아."
"가슴이 넓어서 좋아."

이 반대로 "다른 건 다 별로(외모, 능력 포함)인데 나한테 잘해줘"라는 것은 우상화가 아니다. 행동을 평가하는 것이기 때문이다.

둘째, 남자의 미래에 대한 기대가 지나치게 크다.

현재 그 남자는 뚜렷한 직업도 없고 회사도 자주 옮기고 백수이지만 성공할 거라고 믿는 경우다. 그리고 남자도 주로 미래에 대해서 정열적으로 얘기한다. 주위의 성공담을 얘기하며 자신도 그렇게 해서 성공할 거라는 둥, 비록 현재는 이렇지만 집안에 재산이 좀 있으니까 그것으로 가게를 차리면 된다는 둥 미래에 대한 이야기를 거창하게 늘어놓는다.

그러나 현재를 제대로 보시길 권한다. 최소한 제대로 된 직장을 다니는 사람인지, 그게 아니더라도 자신의 힘으로 돈을 벌고 있는지를 생각해보자. 직접 돈을 벌고 있지도 않고 말뿐이라면 그 남자가 말하는 미래는 영영 오지 않을 수도 있다.

셋째, 나를 세상에서 가장 잘 이해해준다고 생각하거나 혹

은 잘 맞는 사람이라고 생각한다.

가족을 기준으로 생각해보자. 가족은 유전자도 비슷하고 사는 환경도 비슷하다. 현실적으로 가장 가까운 사람은 가족이다. 아무리 다르다 해도 타인보다는 비슷한 게 가족이다. 그런데도 늘 무언가 삐걱거리거나 안 맞고 의견 충돌도 일으키며 지낸다. 가족마저 그러한데 타인인 남자친구가 나를 제일 잘 이해하고 나와 가장 잘 맞을 리는 없다.

오히려 이해하려고 노력하는 것, 맞추려고 노력하는 것이 보여야 한다. 정말 그 남자가 심리학의 천재가 아닌 이상 나를 잘 이해해주고 맞춰줄 수는 없다.

넷째, 내가 만날 수 있는 최고의 남자라고 생각한다.

이 부분은 정말 마음이 아플 정도로 우상화의 최고봉이라고 할 수 있다.

내가 만날 수 있는 최고의 남자란 것은 대체 누가 정하는 것일까? 본인이 정하는 것이다. 아주 간단하게 본인이 그렇게 생각하느냐, 아니냐 하는 단순한 문제다. 냉정하게 말하면 우리가 지금 만나고 있는 남자는 지금까지 만났던 남자 중에 최고인 남자다. (물론 이것도 의심스럽긴 하지만.)

어쨌든 미래의 일은 아무도 모른다. 만약 1년 후에 내가 더 멋있는 남자를 만날지 모른다는 가정을 해보자. 그런 가정조차 힘들다면 당신은 이미 그 남자를 우상화하고 있는 것이다. 미래에는 어떤 남자를 만날지 모르나 지금 내가 만나고 있는 남자 중에서는 최고라는 생각이면 충분하다. 그래서 정말 지금 이 남자가 최고로서 자격이 있는지 없는지 생각하고 만약 이 남자가 최고가 아니라면 과감히 미래의 남자를 찾아야 한다.

우리가 만나는 남자는 나처럼 불완전한 사람일 뿐이다. 가끔은 미친 듯이 회사 가기 싫어서 다른 마음을 먹었다가도 어쩔 수 없이 짜증내며 출근하고, 친구하고 의견이 안 맞아서 버럭 화도 내보고, 결혼 언제 하냐고 따지는 어머니에게 싫은 소리도 한마디 해보고, 집에 오는 길에 내릴 역을 지나쳐서 내려서 걸을까 다시 전철을 탈까 고민을 하고, 얼마 전에 산 비싼 카메라를 어디에 두었는지 기억을 못해서 여자친구와 여행 가는데 카메라를 못 챙겨 오는 그런 평범한 남자다.

여자친구를 위해서 깨끗이 샤워를 하고 면도를 하고 아껴둔 옷을 꺼내 입고, 혹시 데이트 비용이 모자랄까 봐 넉넉히 지갑을 채워두고, 맛있는 저녁을 같이 먹기 위해 인터넷에서 레스토랑을 검색하고, 집에 들어가는 길이 걱정되어 데려다주고, 키스 한번 하고 싶었는데 분위기만 살피다가 타이밍을 놓치고 다음을 기약하며 돌아서는, 그런 평범한 남자인 것이다. 다만 여자친구 앞에서 잘 보이기 위해 노력하고 있는 것일 뿐, 그는 영웅이 아님을 명심하자.

왕자로 하여금 물속으로 들어오게 하라 ○

과거의 상처가
연애를
가로막을 수 없다

　　　　　　자신의 연애가 원만하게 이루어지지 않는 원인 중 하나로 '가정의 불화(부모 관계)'나 '과거의 연애나 인간관계에서의 상처(트라우마)'를 꼽는 여자들이 많다. 예를 들면 아버지가 바람을 피워서 엄마가 상처받는 것을 본 사람은 자신은 절대로 아버지 같은 남자를 만나지 않겠다고 다짐한다. 첫사랑에게 몸과 마음을 바쳐 사랑했지만 결국 버림받았으므로 앞으로 어떤 사람을 만나도 마음의 문을 열기는 힘들 것 같고 결혼도 원만하게 할 수 없을 거라고 생각하기도 한다.
　　실제로도 그렇다. 정말 자기 자신을 이해해줄 것 같은 남자에겐 유년 시절의 상처를 고백한다. 아버지가 바람을 피워서 너무 상처를 받았다며 울면서 고통을 호소한다. 그러면 남자는 '자신은 절대 그러지 않을 것이다. 너에게 상처를 줄 일은 없을 것이다'라며 다독인다. 그러다 우려했던 대로 남자가 무관심한 태도를 보이거나 심지어 다른 여자와 바람을 피워서 헤어지고 만다. 그러면서 딸은 엄마 팔자를 닮는다는 말까지 떠올리며 엄마와 자신을 함께 동정해버린다.

사랑에 상처를 받은 경우도 마찬가지다. 지금의 남자친구가 바라는 것이 없느냐고 물어왔을 때 전의 남자친구가 연락도 뜸하고 어느 순간 일이 바쁘다며 헤어졌던 이야기를 어렵게 꺼내면서 '연락 잘해주고 성실한 남자가 좋다'고 몇 번을 강조해서 얘기한다. 그런데도 불구하고 어느 순간 남자친구의 연락은 뜸해지고 걱정한 대로 그는 바쁘다는 핑계를 댄다.

정말 과거의 상처가 나의 연애를 원만하게 만들어주지 못하는 것일까?

여기서 한 가지 되짚어볼 것이 있다. 아버지가 바람을 피운 것, 자신이 첫사랑에게 버림받은 것은 누가 알고 있는 사실일까? 바로 본인이다. 자신이 입 밖으로 내서 얘기하지 않는 한 누구도 알 수 없는 일이다.

바람을 피운 아버지나 상처받은 어머니가 있지만 그 사이에서 상처받은 당신에 대해서 제대로 알고 있는 사람은 본인밖에 없다. 첫사랑의 상대는 당신과 헤어질 때가 되어서 헤어졌다고 생각할 수도 있다. 그 남자에게 버림받았다고 생각하는 것은 본인뿐이다.

이 모든 사실은 본인이 말하지 않으면 아무도 모르는 것들이다. 왜 굳이 남자친구에게 이런 고백을 하는 걸까? 모든 것을 공유해야지만 진정으로 마음을 나누는 관계가 된다고 믿기 때문이다. 그러나 정작 공유한 후에 어떤 일이 일어났는지는 여러분이 더 잘 알고 있을 것이다. 그렇게 주의하고 조심했던 일이 그대로 일어나버린다. 왜 그럴까?

문제는 당신의 생각과 태도에 있다. 그것을 문제라고 인식하는 당신이 늘 그 부분에 대해 민감해했고 결국에는 작은 일에도 걱정을 해서 불안한 태도를 남자친구에게 드러낸 것이다. 무슨 일이 있을 때마다 '그런 식으로 나에게 상처주지 마'라는 암묵적인 메시지를 보낸 것이다.

이런 특수 상황의 연애를 오래 견딜 사람은 없다. 여자든 남자든 나름대로 생각하는 '연애상'이 있다. 더 욕심내자면 상처가 없는 여자와 평범한 연애를 하고 싶을 것이고 그것은 여자도 마찬가지다. 상처가 없는 남자와 평범한 연애를 하는 편이 낫다고 생각한다. 그렇다면 어떻게 해야 할까?

지금부터 아무 상처도 없는 평범한 여자처럼 행동하면 된다. 아무도 모르는 상처를 자신의 입으로 말할 필요는 없다. 이게 속이는 것일까? 아니다. 그런 일들이 자신에게 문제가 안 된다고 생각한다면 말할 필요가 없다. 아버지가 바람을 피워서 어머니가 괴로웠지만 그것이 내 인생에 아무 영향도 미칠 수 없고 나는 나대로 행복한 결혼을 할 수 있다고 생각하고 그렇게 남자를 대하면 된다.

괴로운 일을 잊는 것은 너무나 당연한 일이다. 그것을 잊었다고 해서 누구도 비난하지 않는다.

연애란 일처럼 이력서에 모든 연애 경력을 써서 보여준 후 시작하는 것이 아니다. 남녀가 만나서 서로에게 호감을 느끼고 계속 만나가는 것이 연애다. 만나는 날부터 혹은 조금 친해졌다고 해서 자신의 상처를 털어놓을 필요는 전혀 없다. 자신이 말하지 않으면 모르는 부정적인 이미지들을 굳이 노력해가면서 밝히지 말자.

당신이 정말 좋아하는 사람이라면 어두운 과거에 더 이상 끌어들이지 말고 함께할 수 있는 미래에 대해서 꿈꾸길. <mark>유년의 상처, 지난 연애의 상처가 당신의 연애를 가로막고 있는 것이 아니라 그것을 의식하는 당신이 행복한 연애를 하지 못하는 것뿐이다.</mark>

그 어떤 것도 당신을 우울하게 만들 수 없다. 우울하다고 생각하는 당신이 스스로를 우울하게 만드는 것이다. 이제부터는 남자들을 만날 때 어두운 얘기는 하지 말 것. 정말 필요 없는 일이다.

왕자로 하여금 물속으로 들어오게 하라

나만이 예외인
연애는 없다

　　　　　나쁜 남자와 사랑에 빠진 경험이 한 번쯤은 있지 않을까? 어렵게 연락해서 한 번 만나고 나면 다시 잠수에 빠지는 남자, 그러다가 어렵사리 메신저에서 만나면 여전히 친절함. 심심풀이 남자인 걸 알면서도 마음 한구석에서 들려오는 소리.
　'바빠서 그럴 거야. 이번 프로젝트가 끝나면 나한테 먼저 연락하겠지.'
　그 남자가 나한테 관심이 없어서 그렇다고는 절대 생각하지 않는다. 나만의 예외를 두는 것이다. 그 남자는 한없이 자상한 남자이며 현재 나 외에 관심을 두는 여자는 없고, 오로지 일 때문에 바쁘다고 생각하는 것. 이런 관계가 1년이 넘게 지속된다면, 그래도 그가 여전히 프로젝트 때문에 바빠서 당신에게 적극적이지 않은 걸까?

또 하나의 유형으로 불륜이 있다. 불륜은 시작부터 예외다. 부인이 있는 남자와 연애하겠다고 작정한 여자들이 몇이나 되겠는가. 그래도 유부남이 고백을 해오면 따끔하게 뿌리치지 못하고 갈등에 들어간다. '부인하고 사이가 안 좋은 불쌍한 남자'로 생각해버리고 동정까지 한다. 그래도 불륜까지는 가지 않겠다고 결심하지만, 일은 벌어지고 만다.

남자는 한없이 달콤한 말을 던진다. "아내하고는 정이 없어. 애들만 크면 이혼하고 싶어"라고. 당신은 또 세상의 모든 불륜과 당신의 연애는 다르다고 생각한다. 언젠가는 그 남자가 부인을 버리고 당신에게 올 것이라고 굳게 믿는다. 시간이 지나 남자의 태도가 변하거나 혹은 부인에게 추한 꼴을 당하고 나서야 당신도 예외가 아니었음을 알게 될 뿐이다.

보통의 연애를 시작한 사람과 반대로 불륜을 시작한 사람이 있다면, 누가 더 나쁜 결론에 이를 확률이 높을까? 당연히 불륜이다. 불륜을 시작해놓고 자신만은 예외로 행복한 결론에 이를 거라고 믿는 건 씨도 심지 않고 열매를 기다리는 것과 같다.

또 내가 먼저 고백한 연애와 남자가 먼저 고백한 연애, 어떤 연애를 했을 때 남자가 나를 더 위해줄까? 당연히 남자가 먼저 고백한 연애다. 남녀관계에서 하나하나 따져가면서 반응하는 것은 상당히 스트레스가 쌓이는 일이지만 객관적으로 생각해야 한다.

냉정해지자. 나만이 예외인 연애는 없다. 오히려 로또에 당첨될 확률이 나만이 예외인 연애를 할 확률보다 더 높지 않을까? 남녀관계를 막론한 인간관계에는 예외가 없다. 내가 한 대로, 내가 한 만큼 얻는 것이다.

나만은 예외일 거라는 착각은 자꾸만 어리석은 연애로 이끌어 자신에게 상처가 될 뿐이다. 나는 보통 사람이고 보통 사람의 결론에 이를 거라는 이성적인 생각으로 연애에 임하길!

왕자로 하여금 물속으로 들어오게 하라

외로워서 하는
연애는 실패한다

외롭다는 말처럼 쉽게 공감할 수 있는 단어가 또 있을까? 외로우냐고 물으면 여기저기서 그렇다는 대답이 나올 것 같다. 외로움을 기준으로 여자들을 두 부류로 나누어보자. 외로움을 많이 타는 여자와 그렇지 않은 여자. 필자가 보기엔 외로움을 많이 느끼는 여자들이 더 많은 것 같지만.

외로움이 연애에 미치는 영향은 상당하다. 외로움을 많이 타는 여자는 남자에게 쉽게 빠지고 나쁜 남자를 만나 힘들어 할 가능성이 높다. 주변에 심심풀이 남자들이 많을 가능성도 그만큼 높다. 혼자서도 시간을 잘 보내고 외로움을 타지 않는 여자들은 남자들을 많이 만나지는 않는다. 주변에 남자들도 많지 않다. 대신 한번 만나면 단번에 결혼까지 갈 확률이 높다.

그런데 여기서 오해가 생기기도 한다. 외로움을 많이 타는 여자는 현재 만나는 남자도 있고 또 주변에 남자들이 있으니 자신의 연애에 문제가 있다고 느끼기 어렵다. 또 외로움을 타지 않는 여자는 연애할 기미가 보이지 않는다며, 자신이 남자에게 매력이 없어 보이는 건 아닌지 고민하기도 한다.

하지만 어느 순간 상황 역전. 몇 년째 애인도 있고 주변에 남자들이 많아서 항상 남자 없는 친구에게 조언까지 했는데, 막상 그 친구에게 애인이 생기더니 곧 결혼한다는 소식을 전해왔다. 어떻게 저렇게 쉽게 남자를 만나 결혼하는지, 외로움이 많은 그녀 입장에선 의아할 정도다.

비밀은 외로움에 지느냐, 이기느냐에 있다. 외롭다는 이유로 남자를 만나는 순간, 이미 당신은 남자에게 헌신하고 집착할 준비가 되어 있는 것.

'여자는 혼자 살면 안 된다'는 말이 있는 건 외로움에 져서 쉽게 남자에 빠질 가능성이 높기 때문은 아닐까? 스스로 외로움이 많은 편이라고 생각된다면 가족들과 함께 사는 게 좋겠다. 물론 여건상 어쩔 수 없이 혼자 사는 사람도 있겠지만 그런 경우 스스로 외로워지지 않는 환경을 만들어놓는 것이 중요하다.

유독 외로움을 많이 탄다면 낮과 밤에 할 일들을 미리 준비해보자. 만화책이나 드라마 보기, 남자친구 대신 통화할 수 있는 여자친구 다섯 명 정도 만들어놓기, 일주일 내내 친구들 만나기 등 자기만의 방법을 찾아보자.

추하다고? 전혀 아니다. 남들이 보기엔 그저 만화책 보기 좋아하고, 드라마 좋아하고, 친구들 좋아하는 것으로 보일 뿐이다.

외로워서 다른 사람을 만나는 건 당연한 일일 수도 있다. 혼자가 외로운 것도 사실이다. 그러나 외로움을 컨트롤하는 것 역시 자신의 몫이다. 무엇보다 외롭지 않아야 남자도 잘 선택할 수 있다는 것을 기억하자!

왕자로 하여금 물속으로 들어오게 하라

설마 내가
착한 여자 콤플렉스?

누구나 한 번쯤은 들어봤을 '착한 여자 콤플렉스'. 이 말은 임상심리학자인 페즐러(William Fezler)와 필드(Eleanar Field)가 한 말로, 여자 주변 사람들을 만족시키기 위해 봉사해야 한다는 여자들의 자기 파괴적인 사고방식이라 할 수 있다.

아이러니하게도 자신에게 착한 여자 콤플렉스가 있다고 생각하는 사람들은 사실 착하지 않은 여자들이다. 정말 착한 여자는 자신에게 착한 여자 콤플렉스가 있다는 생각조차 못한다.

주로 착한 여자 콤플렉스를 자각한다고 생각하는 사람들은 삽질녀가 아니라 철벽녀에 가깝다. 남자들에게 요리를 해주거나 밥값을 내면서 혹시 자신한테 착한 여자 콤플렉스가 있었던 게 아닐까 걱정하는 것. 그러나 정말로 착한 여자들은 한 치의 의심도 없이 너무나 당연하게 남자친구를 위해서 연락도 하고 밥도 사주고 직접 만나러 가기도 한다. 대부분 이런 삽질녀들은 착한 여자 콤플렉스를 자각하지 못한다. 심지어 그렇게 생각하는 것에 죄책감마저 느낀다.

누구든 자기 상황에 대해서 자각하면 고치는 것은 쉽다. 문제는 자신에 대해 자각하지 못해 계속 문제가 반복된다는 것.

착한 여자들은 하고 싶은 대로 하는 것을 굉장히 두려워한다. 내가 하고 싶은 대로 하는 것은 결국 이기적인 것이라고 생각하기 때문이다. 따라서 상대방이 좋고 내가 좋은 것을 하는 게 가장 좋은 것이라고 생각한다. 그래서 늘 상대방 의견을 듣고 자신의 의견도 더해서 결과가 완성되었을 때 안심한다.

연애에서도 마찬가지다. 친절한 것과 착한 여자가 되는 것은 다른 얘기다. 많은 사람들이 친절한 것과 착한 것을 동일한 것으로 여긴다.

예를 들어 마음에 안 드는 남자에게 예의상 '연락이라도 한번 해줘야 한다'고 생각하는 것은 친절이라기보다는 착한 여자 콤플렉스에 가깝다. 마음에 안 드는 남자에게는 만나는 순간만 친절하면 될 뿐, 헤어지고 나서까지 친절할 필요는 없다. 연락을 안 하고 안 받는 것만으로 충분히 의사를 표시한 것이나. 그것은 예의나 친절과는 무관하다. 길거리에서 무수한 사람들에게 "죄송합니다", "고맙습니다"라고 친절하게 그때그때 대응하는 것과 같은 것이다.

겸손도 마찬가지. 누군가의 칭찬을 받으면 우리는 습관적으로 "아니에요. 저 그렇게 예쁘지 않아요", "무슨 말씀을요. 저 그렇게 능력 많은 여자 아니에요" 하고 겸손하게 말해야 한다고 생각한다. 그러나 이것은 겸손을 가장한 착한 여자 콤플렉스의 일종이다.

누군가의 칭찬에는 미소로 답하고 고맙다는 말 한마디면 충분하다. 칭찬에 대해서 부정적으로 대꾸하면 그만큼 자신만 낮아질 뿐이다. 물론 성격은 좋아 보일 수 있지만, 성격만 좋아 보이고 그만큼 안 예쁘거나 능력이 없어 보이는 결과만 가져올 수도 있다.

착한 여자들의 연애는 지금까지 '예의'와 '겸손'이 망쳐놓았다 해도 과언이 아니다. 사람은 예의가 있어야 한다며 만나거나 헤어질 때마다 꼬박꼬박 연락하고, 겸손해야 한다고 생각해서 남자가 칭찬할 때마다 일일이 '난 별로예요'라고 말해왔을 것이다. 자신은 착한 여자이지 착한 여자 콤플렉스 따위를 가진 여자는 아니라고 생각하면서 말이다.

착한 여자 콤플렉스에서 벗어나는 것이 악녀가 되는 것은 절대 아니다. 콤플렉스에서 벗어난 일반녀가 되는 것이다. 더 이상 남을 위해 배려하거나 스스로를 낮추느라 겸손해하지 않아도 당신이 착한 사람이라는 것은 충분히 알고 있다. 당신은 자유롭게 당신이 드러내고 싶은 것을 드러내면 된다.

    상대방을 위해서 무언가를 해야만 그들을 위한 것이 아니라 스스로 행복감을 느끼는 그 자체가 주위 사람들을 위하는 길이라는 것, 잊지 말자.

왕자로 하여금 물속으로 들어오게 하라

누가 나 같은
여자를 좋아할까?

여자라면, 연애가 안 풀리면 누구나 한 번쯤 생각해보는 것이 있다. '누가 나 같은 여자를 좋아할까? 나이도 많고 눈에 띄는 미인도 아니고 잘나가는 직장도 아니고 집안이 부자도 아니고…….'

물론 이와 무관하게 너무 '나 잘났어'라고 생각하는 것도 문제겠지만 대부분의 여자들은 '누가 나 같은 여자를 좋아할까?'라는 생각을 한 번쯤은, 아니 매일, 아니 아주 깊이 할 때가 있을 것이다.

그럴 때 어디선가 들은 얘기로 '자존감을 가져라'라는 말을 떠올리며 스스로가 '난 자존감이 낮은 것 같아'라고 생각하기도 한다. '자존감'이 낮은 여자는 연애하기도 어렵다, 라는 말은 공

공연한 진리처럼 떠돌기도 한다. 그러나 필자는 '자존감'이란 단어를 웬만하면 쓰지 않으려 한다. 그 이유는 무책임하게 '자존감'이 모든 문제의 근원인 것처럼 말하는 게 아무 도움이 안 된다는 생각 때문이다.

열심히 자신의 문제를 생각하다가 '난 자존감이 낮은 것 같아, 자존감을 길러야겠어'라고 결론을 내리면 그 후엔 무엇을 할 것인가?

자존감의 원래 뜻대로 '남이 날 인정하지 않아도 나 그대로 이미 훌륭한 존재이고 스스로를 존중해야 해' 이렇게 생각만 몇 번 하면 자존감이 저절로 올라갈까?

예를 들어 누가 봐도 명명백백한 '나쁜 남자'를 사귀는 여자가 있다고 하자. 그러면 우리는 쉽게 '그 여자는 자존감이 낮아서 그래'라고 말할 수 있다. 그렇다면 그 여자는 어떻게 자존감을 높이고 어떻게 그 남자와 헤어질 수 있을까?

'난 중요한 존재야. 나 스스로도 존중 받아야 해' 이렇게 생각만 자꾸 하면 그 상황이 해결될까?

우리는 지금 내 가까이에 있고 내가 중요하다고 생각하는 사람으로부터 사랑받고 싶은 사람이다. 굳이 '자존감을 높여라'라고 어렵게 얘기하지 않아도 누구나 쉽게 알 수 있다.

이론석으로는 '내가 나 스스로를 존중하면 된다'라고 말할 수 있지만 우리는 사회에서 살아가기 때문에 실제로는 타인이 나를 제대로 존중해주지 않으면 '자존감'을 느끼기 어렵다. 그리고 실제로 다른 사람과의 성공적인 관계를 통해 내가 더 가치 있는 존재로 느껴질 때 자존감이 올라간다. 그러기 위해서는 우리는 다른 사람들로부터 제대로 존중 받도록 노력해야 한다.

연애에 있어서 '누가 나 같은 여자를 좋아할까?'라는 생각이 밑바닥에 깔려 있다면 나쁜 남자와 헤어지지도 못하고 새로운 남자도 만나지 못한다. 자존감을 이야기하기 전에 부정적인 생각부터 치워버려야 한다.

예를 들어 유부남과 사귀면서 절대로 못 헤어지겠다고 하는 여자가 있다. 그 여자는 '정말 이 남자를 사랑한다'라고 할 수도 있다. 그렇지만 그 밑바닥에 '멀쩡한 총각이 날 좋아할 리가 없어'라는 마음이 없다면 유부남과 관계를 계속할 리가 없다.

'이 남자는 나를 정말 사랑해' 혹은 '이 남자는 내가 만나본 남자 중에 가장 나한테 잘해줘'라는 말은 굉장히 합리적이고 긍정적으로 들리지만 그 이면에는 '이 남자 말고 누가 나 같은 여자를 좋아하겠어?'라는 뜻이 있다.

필자가 말하는 '나를 정말 좋아하는 남자(내가 스트라이크 존에 들어가는 남자)를 만나는 것'과 '누가 나 같은 여자를 좋아하겠어?'는 아주 다른 이야기다. <u>이 세상에서 나를 정말 좋아해주는 '한 사람'을 만나자는 것이지 '나 같은 여자를 좋아해주는 어떤 남자'를 만나자는 얘기가 아니다.</u>

나도 내 자신을 돌아보면 마음 한구석에 조금이라도 '누가 나 같은 여자를 좋아할까?'란 생각이 있을 때에는 나쁜 남자들에게서 벗어나지 못했던 것 같다. 지금은 '나를 좋아하는 사람은 반드시 있다'라고 생각한다. 그리고 그 사람은 내 인생 전체에서 운명적으로 만나는 꼭 한 명이 아니라 내 주어진 환경에서 나를 가장 사랑해주는 한 사람이다.

괜히 자존감이 낮은 것 같다며 그래서 연애도 못한다고 한탄하고 있기보다는 타인과의 성공적인 관계를 위해 내가 해야 할 것이 무엇인가를 생각해보라. 작은 성공 경험이더라도 무언가 성취한 경험이 자존감을 높여주지 그냥 아무 경험 없이 생각만으로 자존감이 높아지지는 않는다. 우리는 단순하고 깨끗하며 이상적인 천국에 살고 있는 것이 아니라 복잡하고 지저분한 현실 속에 살고 있기 때문이다.

말뿐인 '자존감'을 높이는 것보다 내가 주변 사람들과 어떤 관계를 맺고 있는지, 어떤 태도를 고칠 것인지부터 생각하는 것이 진짜 자존감을 높이는 데 도움이 될 것이다. 오늘 당장, '누가 나 같은 여자를 좋아할까?'란 생각을 갖다 버려라. 어쩌면 무심결에 하는 그 생각이 '자존감'보다 더 당신의 발목을 잡고 있을 수 있다.

왕자로 하여금 물속으로 들어오게 하라

화려한 연애 경력은
훈장이 아니다

가끔 필자에게 조언을 구하다가도 "나도 연애 경험이 많아서 알 건 다 알아"라고 이야기하는 분들이 있다. 필자가 먼저 연애 경험이 없어서 그렇다고 지적한 게 아닌데도 그렇게 반응하는 것을 보면 연애 경험이란 게 은근히 자랑거리가 되나 보다.

대부분 그런 사람들은 남자도 만나볼 만큼 만나봤고 연애도 해볼 만큼 해봤는데 '이번만큼은 도저히 모르겠다' 혹은 '이 남자가 어떤 남자인지 정말 모르겠다'고 고민을 하다가 상담을 해오는 경우가 많다.

나름대로 화려한 연애 경력이 있기에 주변 사람들에게 연애 조언을 많이 한 사람들도 있다. '마음에 드는 남자가 있는데 어떻게 작업을 해야 될까', '만나는 남자가 있는데 도무지 고백을 안 한다. 어떻게 하면 좋을까?' 이런 고민 상담들을 수도 없이 받았다. 그러니 스스로도 꽤나 인기 있고 연애 잘하는 여자라고 믿고, 실제로 그렇기도 하다.

그러나 연애 횟수라는 게 과연 중요할까? 같은 나이에 연애 횟수가 많다는 건 자랑거리가 아니다. 연애 횟수가 많다는 건 그만큼 짧은 만남을 여러 번 반복했다는 뜻이니까. 즉 오래 가는 연애를 해본 경험은 적다는 말이다. 어찌 보면 '연애 경험이 많다'는 건 '삽질을 많이 했다'는 뜻일 가능성이 농후하다.

당장 만나는 사람이 있고 연락을 해오는 남자가 있다고 해서 연애를 잘한다고 할 수는 없다. 어떤 연애를 하는지가 더 중요하다.

심지어 화려한 연애 경력을 내세워서 '남자를 안다'고 말하는 사람도 있다. 그래서 '이러면 남자가 좋아해'라고 조언을 해주기도 한다. '남자들은 도시락을 싸주면 좋아해', '남자들은 섹스를 좋아해' 등등. 이런 조언들이 대부분은 삽질을 부추기는 조언이라는 게 문제라면 문제다.

이런 사람들에게 반문하고 싶다. 화려한 연애 경력을 두고 왜 아직까지 솔로인가?

남자를 만나고 차를 마시고 영화를 보고 섹스를 하는 게 연애의 완성이 아니다. 똑같은 행위를 하지만 어떻게 하느냐에 따라 결과는 전혀 달라진다. 이 과정을 하루 만에 다 했다면 그건 연애일까? 어떤 사람은 '잊을 수 없는 짧은 연애'라고 생각할지도 모르겠지만 어쨌든 해프닝에 지나지 않는다. 그러나 1년에 걸쳐 차를 열 번 마시고 영화도 열 번 보고 섹스도 열 번 했다면 그것은 누가 봐도 연애다.

화려한 연애 경력을 가지고 있다는 건 그만큼 상처가 많다는 뜻도 된다. 그 상처 때문에 '남자는 다 똑같아. 늑대야', '남자는 다 거기서 거기야'라며 연애를 보는 시각이 왜곡되어 있을 수도 있다. 이 얘기는 결국 계속 고만고만한 남자들만 만나왔다는 뜻이다.

연애는 횟수가 중요한 것이 아니다. 많은 경험이 연애를 잘하게 도와주지도 않는다. 중요한 건 얼마나 행복한 연애를 오래 했느냐다. 화려한 연애 경력은 명예를 높여주는 훈장이 결코 아니라는 걸 명심하자.

왕자로 하여금 물속으로 들어오게 하라

성격 차이,
진실일까 변명일까?

성격에 관한 얘기는 정말로 넘쳐난다. 부부간의 이혼 사유 중에도 성격 차이가 많은 비중을 차지하고 연인들에게도 상대의 어떤 점이 좋으냐고 물으면 십중팔구 성격을 꼽는다. 이대로라면 남자든 여자든 서로에게 '성격이 좋아' 보여야만 승산이 있다는 뜻이 되고, 많은 여자들이 '성격 좋은 여자'가 되기 위해 남자에게 많은 배려와 헌신을 하는 것이다.

어떤 여자가 좋으냐고 물었을 때 대부분의 남자는 '성격 좋은 여자, 착한 여자' 등을 말한다. 그러나 이 말을 그대로 진지하게 받아들일 필요는 없다. '아, 일반적인 대답을 하는구나' 정도로 생각하면 된다.

마음에 드는 남자에게서 성격 좋은 여자, 착한 여자를 좋아한다는 대답을 들은 여자들은 그 남자의 마음을 얻기 위해 착한 여자가 되려고 필사적으로 노력한다. 연락도 자주 하고, 안 만날 때조차 이것저것 세심하게 챙겨주려고 한다. 매 끼니 무얼 먹었는지도 체크하고 칼로리까지 신경 써준다. 삽질을 하는 것이다.

남자와 헤어질 때 '성격이 안 맞아서', '성격이 안 좋아서'라는 대답을 듣고 그 다음엔 뭐든지 남자의 취향에 맞추려고 하는 여자들도 있다. 그러나 성격 좋은 여자, 착한 여자가 좋다는 남자의 말은 신경 쓸 필요가 없다. 성격이 안 맞는다, 성격이 안 좋다는 말은 '이제 더 이상 그 여자에게 맞추고 싶지 않다'는 뜻이다.

보통 여자가 남자보다 음식이나 분위기에 민감하다. 그러므로 이 사실을 아는 남자들은 웬만해서는 여자에게 맞추려고 한다. 그러다 어떤 계기가 생겨서 여자에게 맞추기 싫어진 것이다. 그것을 '그 여자와 안 맞아서'로 이해한 채 헤어지는 것뿐이다.

성격은 형제자매라도 딱 맞지 않는다. 대부분은 은연중에 호감이 있는 쪽에서 맞춰주고, 맞춰주는 동안에는 서로가 '성격이 잘 맞는다'고 착각에 빠져 있다가 헤어질 때쯤 되어서는 결국 '성격이 안 맞는다'는 결론에 이르는 것. 사람은 변하지 않았는데 성격은 잘 맞았다가 안 맞았다가 하는 이상한 상황만 생긴다. 그래서 '그 사람을 잘 몰랐다'는 말까지 나오는 것이다.

처음에 호감이 있을 때는 분명히 어느 한쪽에서 맞추게 되어 있다. 그러다가 호감도가 떨어지면 맞추던 사람이 행동을 멈추고, 결국 안 맞는 성격이 된다. 이 경우 남자가 여자에게 맞춰줘야 연애가 원만하게 이루어진다. 그리고 이것을 받아들이는 여자가 남자의 행동에 기뻐하고 즐기게 되면 두 사람의 관계가 순조롭게 흘러간다. 남자는 순간순간 여자에게 맞춰주고 그 즐거운 기분을 여자와 만나지 않는 시간에도 계속 이어갈 수 있기 때문이다.

만약 거꾸로 여자가 남자에게 맞춰주면 억눌려서 즐겁지 못한 기분이 남자에게도 전달될뿐더러, 만나지 않는 시간에도 그 기분으로 고민을 하기 때문에 결국 여자는 자신이 맞추었던 문제에 대해서 인식하고 괴로워한다. 이렇게 되면 여자 쪽에서 힘을 써놓고도 결과적으로는 좋지 않을 확률이 높다.

성격이란 말에 휘둘리지 않으려면 우선 성격이란 단어의 환상에서 벗어나야 한다. 정의 내리기 힘든 애매한 단어에 휘둘려선 안 된다. 이별의 이유를 댈 때 에둘러 말하기 좋은 쉬운 말이라고 생각하고, 그 이상도 그 이하도 의미를 부여하지 말자.

또 한 가지, 성격이 맞는다 안 맞는다 하는 말에도 큰 의미를 두지 말 것. 사람의 성격이 서로 맞는다는 것은 난기산에 밀할 수 있는 것이 아니라 오랜 시간이 흐른 뒤에야 꺼낼 수 있는 말이다. 만약 성격이 잘 맞는다면 일단 '호감을 가지고 있다'는 정도로만 이해하는 게 좋다. 남자에게서 "저하고 잘 맞는 것 같아요"라는 말을 듣는다면 이 남자가 현재 나에게 호감을 가지고 있다는 정도로만 이해하고 넘어가면 된다. 실체도 없는 환상인 '성격'에 휘둘리다가 남는 것은 '삽질의 기억'뿐일지도 모르니까.

왕자로 하여금 물속으로 들어오게 하라

연애에
SOS를 부르지 말 것

연애 고민에 부딪히면 빨리 문제를 해결하고 싶어진다. '급하다'는 마음의 함정에 빠지고 마는 것이다. 이 문제만 해결되면 행복한 연애를 할 수 있을 것이라고 생각하기 때문이다.

그러나 과연 연애할 때 부딪히는 문제가 지금 당장 SOS를 부를 만큼 응급한 일일까?

매일같이 연락하던 남자가 사흘째 연락두절일 때, 여자들은 생각한다. '사흘째 연락이 없으니 무언가 내가 결단을 내려야 해. 내가 먼저 전화해봐야겠어. 연락이 안 되면 이 남자는 내가 마음에 없는 거야.'

여기서 빠진 생각 하나. 그 남자가 나흘째에는 연락할 것이라는 가능성. 이 가능성을 닫아두게 되면 마음이 급해진다. 먼저 전화를 해보거나 아예 포기하고 다른 남자를 만나기도 한다. 이 상황에서는 대부분 먼저 연락을 한다. 그리고 남자가 연락을 받지 않거나 원하는 답이 없으면 상처를 받고 '내가 마음에 없는 거야'라는 결론을 내린다.

그런데 만약 여기서 "나흘째엔 연락이 올 것이다"라는 하나의 옵션을 더 추가하면, 그래서 나흘째에 정말 연락이 온다면, 당신은 더 이상 상처도 받지 않고 남자가 여전히 당신에게 관심이 있음을 알게 된다.

고민이 될 때는 냉정하게 시간을 갖고 생각해보자. <u>스스로 기한을 정할 필요도 없다. 스스로 정한 기준에 갇히지 않는다면 고민도 없고 급한 일도 급하지 않게 될 수 있다는 사실을 명심하자.</u>

이번엔 다른 상황. 남자가 고백을 했다.

"○○씨, 좋아하는데 나에게 답을 주세요."

이 상황에서도 당신은 SOS를 부르고 싶을 것이다. "네", "아니요" 어느 쪽으로 답해야 좋을지 답답하기만 하다. 이럴 땐 "저에게 시간을 좀 주세요"라고 대답할 수 있다. 다시 생각하고 또다시 남자가 물어봤을 때 답을 해도 절대로 늦지 않다.

남자에게 연락이 오고 또 남자가 답을 해달라고 할 때 고민이 된다면 고민되는 대로 답하면 된다.

"모르겠어요."

"생각할 시간을 주세요."

이것만으로도 충분하다. 꼭 '예, 아니요'만 있는 게 아니다. 그러고 나서 친구에게 물어봐도 되고 혼자서 천천히 생각해봐도 된다. 만약 당신의 갈등이나 고민을 알아채지 못하는 남자라면 그 사람은 나를 진정으로 위하는 남자가 아니라고 생각해도 무방하다. 우리는 충분히 고민하고 충분히 생각한 뒤 결정해도 늦지 않을 만큼의 시간을 갖고 있다.

연애란 문제가 터졌다고 SOS를 치고 사이렌 소리를 내며 달려오는 응급차를 보면서 안심하는 위급한 상황이 아니다. <u>천천히 시간을 갖고 생각하다 보면 얼마든지 효과적인 방법으로 해결할 수 있는 길이 보일 것이다. 오늘까지, 혹은 지금 당장 "예스"를 외치지 않으면 남자가 떠날 것이라는 걱정은 버려두자.</u>

왕자로 하여금 물속으로 들어오게 하라

연애에서도
내 시간은 소중하다

"머리를 써가며 연애하고 싶지 않다."
"난 밀고 당기기는 못해."
"남자도 같은 인간인데 이럴 필요가 있어?"
"이렇게 피곤하게 연애하고 싶지 않아."

필자의 연애 이론을 접한 뒤 이런 생각을 하는 사람도 많다. 그렇다면 지금까지의 연애를 돌이켜보시길. 그 결과는 어땠는지? 그래도 필요할 때는 밀고 당기기를 해왔다고 생각했는데, 어느 정도는 남자를 내 맘대로 움직였다고 생각했는데, 정작 결혼은 못하고 연애 경력만 늘어난 건 아닌지 묻고 싶다.

남자에게 모든 걸 솔직하게 말해주고 최대한 배려해줬는데 결국 헤어졌다면? 같은 인간이라고 생각한 남자가 나의 인

인어공주가
다른 남자를 만났다면?

간적인 매력을 몰라주지 않았는지? 피곤해하면서 연애하고 싶지 않지만 늘 그가 떠나지 않을까 여전히 불안하다면?

기본적으로 연애의 방식은 매뉴얼도 필요 없고 백인백색의 방법으로 다양하다. 필자의 조언을 받아들여도, 혹은 그렇지 않아도 상관은 없다. 남자에게 먼저 고백도 해보고 또 헌신도 하면서 연애해도 상관없다. 반대로 남자의 조건만 따지며 사랑은 제쳐둔 채 연애를 해도 상관없다. 또 정신을 떠나서 남녀의 육체관계에만 의미를 둔 연애를 해도 상관없다.

그러나 단 한 가지, 꼭 말씀 드리고 싶은 것이 있다. 연애를 하는 동안 시간은 흘러간다는 사실이다. 당신이 마음대로 연애를 하는 동안 5년이 흐를 수도 있고 10년이 흐를 수도 있고 심지어 20년, 아니 평생의 시간이 흘러갈 수도 있다. 그렇다면 그 시간은 누가 보상해줄 것인가? 그렇게 시간이 흐른 뒤 당신을 사랑해주는 남자가 한 명도 없는 것을 발견할 때 당신은 시간을 다시 돌릴 수 있을까?

내 소중한 시간은 아무도 돌려주지 않는다. 시간은 앞으로 흘러갈 뿐이다. 당신이 자각 없이 내키는 대로 연애를 하는 동안 시간은 어김없이 흘러갈 것이다.

지금 당신의 옆에 있는 남자, 혹은 연애보다 당신의 시간을 소중하게 생각하길. 남자도 연애도 언젠가 다시 올 수 있지만 시간은 절대 다시 오지 않는다.

왕자로 하여금 물속으로 들어오게 하라

연애와 종교,
미묘한 상관관계

　　　　　　　연애와 종교, 어찌 보면 무관해 보이지만 사실 관련이 깊다. 종교는 만남의 이유도 되지만 헤어짐의 이유도 된다. 심지어 종교 때문에 이혼했다는 사람도 있다. 그리고 종교 문제가 어느 정도 연애의 폭이나 결혼의 폭을 좁히는 것도 사실이다. 이런 얘기를 들으면 서로의 종교가 일치하는 게 좋을 것이라고 생각하지만 그렇게 단순하지만도 않다.
　　물론 내 종교에 남자친구가 맞춰준다면 가장 좋겠지만 그렇다면 문젯거리도 안 될 테고, 그 경우를 제외한 상황에서의 대처 방법을 제안한다.
　　대부분 종교를 중요한 조건으로 생각하는 사람들이 빠지

기 쉬운 함정 중에 하나가 바로 같은 종교라서 후한 점수를 주었는데 알고 보니 기대 이하의 행동을 보여 뒤통수를 맞았다는 것이다.

우선 첫 번째로 중요한 것은 종교에 대한 남자의 태도다. 남자가 종교가 있는지, 있다면 그 종교를 어떻게 생각하는지, 만약 여자와 다르다면 어떻게 할지에 대한 남자의 태도를 우선 관찰해보자.

바람직한 모습은 여자에게 자신의 종교를 강요하지 않는 태도다. 자신의 종교를 알리는 정도여야지 강요해서는 안 된다. 기본적으로 종교의 자유를 인정할 정도의 태도는 가지고 있어야 한다. 여자를 위해서 자신의 종교를 버리라는 뜻이 아니다. 이것은 여자를 얼마나 존중하느냐의 문제다. 물론 어느 순간에 본색이 드러나서 종교를 강요할 수도 있다. 그러나 처음부터 혹은 사귀면서 종교를 강요한다면 그것은 여자를 존중하지 않는 것이라고 볼 수 있다.

남자가 종교를 강요하고 또 남자의 집안에서도 같은 종교를 가질 것을 강조한다면 이때야말로 결단의 시기다. 당신이 그 종교를 택하고 종교 활동을 할 수 있을지 먼저 생각하자. 할 수 있다면 연애든 결혼이든 진행해도 되지만 할 수 없다면 이별을 생각해야 한다.

왜냐면 종교라는 것은 가치관까지도 크게 지배하기 때문

이다. 살면서 중요한 게 여러 가지가 있겠지만 결국에는 가치관의 일치가 평생을 같이하는 데 큰 부분을 차지할 것이다. 인생이나 사물에 대한 가치관을 처음부터 조절할 수 없다면 평생 큰 갈등을 겪게 될 수도 있다.

종교가 같다고 해서 방심하지 말자. 종교가 달라도 사랑으로 극복할 수 있으리라는 이상적인 해결 방안만 생각해서도 안 된다. 심각하게 고민하고 넘어가야 할 문제다. 크리스마스와 석가 탄신일이 둘 다 공휴일이니 다 포용하겠다는 느슨한 태도로 생각하다가는 분명히 큰 어려움이 닥칠 때가 온다는 걸 명심하자.

왕자로 하여금 물속으로 들어오게 하라 ○

섹스는
충동이 아니라
결심이다

사실 결심은 섹스뿐만 아니라 다른 모든 것에도 다 해당하는 말인 것 같다. 만남도 결심이고, 연애도 결심이고, 결혼도 결심이라고 볼 수 있다. 결심이란 어찌 보면 '하는 것'이라기보다는 '하게 만드는 것'에 가깝다. 일도 연애도 시간과 상황이 안 되는데 결심만으로 무리하게 밀고 나가면 실패할 확률이 높다. 그러니까 충분히 관찰한 상태에서 판단하고 결심해야 무리가 없다. 그런 면에서 만남과 연애와 결혼, 섹스 모두에 있어 가장 중요한 계기는 자신의 결심이어야 한다.

이 중에서 섹스만 따로 떼어 생각해보자. 어느 날 갑자기 섹스를 하는 것은 여자에게 상당한 위험이 따르는 일이다. 가장 큰 위험이란 다들 알다시피 임신이다. 따라서 결심이 필요하다.

이 결심은 어떻게 해야 할까? 물론 섹스 자체가 지극히 개인적인 일이라 일일이 얘기하기는 그렇지만 필자가 생각하는 것은 이렇다.

만남이나 연애를 여자 쪽에서 시작했다고 해도 섹스는 대부분 남자 쪽에서 시작하는 경우가 많다. 처음 만나는 것부터 남자 쪽에서 시작했다면 더더욱 남자는 먼저 섹스에 대한 의중을 밝히게 되어 있다. "나랑 자자"라고 직접적으로 말하는 남자는 거의 없지만, 만일 혹시 남자가 그렇게 말했다면 그 남자의 목적은 오로지 섹스라고 판단하면 된다.

그렇다면 남자들은 섹스에 대한 의중을 어떻게 밝힐까? 물론 이러한 사인도 한 가지만 보고 알 수는 없다. 말, 몸짓, 데이트 계획 등으로 의중을 밝혀올 것이다.

도대체 언제부터 시작되었는지 모르겠지만 아주 고전적인 방법은 바로 "여행 가자!"다.

우선 여행 얘기가 나왔다면 섹스에 대한 남자의 속마음은 100퍼센트라고 생각하면 된다. 남자들도 이런 여자의 마음을 안다면 처음에는 당일 여행이며 다른 사람들도 함께 갈 것이라고 알려올 것이다. 물론 진실일 수도 있다. 그렇게 다녀와서 안심을 시키고 난 후 둘만의 여행을 제안할 수도 있다.

이때가 바로 결심이 필요한 시점이다. 남자에게 여행을 허락하는 것은 여행만 하는 것이 아니라 몸을 허락할 가능성도 함께 포함하는 것이다. 그러므로 남자와 섹스할 마음이 없다면 여행은 아직 이르다, 다음에 가자는 말로 적당히 거절해야 한다.

남자가 더 조르고 보챌 수도 있다. "손만 잡고 잘 거다", "밤새 얘기하자" 등 뻔한 이야기들을 늘어놓을 수 있지만 절대 믿어서는 안 된다. 남자를 믿지 말라는 게 아니라 말을 믿지 말라는 뜻이다. "이 남자랑 자도 된다"라는 마음이 들었을 때 그 말에 넘어가주는 척하면 된다.

남자도 자신이 사랑하는 여자에게는 단순히 섹스만을 목적으로 갖지 않는다. 섹스를 통해서 여자와 좀 더 깊은 관계를 가지고 싶다고 생각한다. 그런 남자의 기대에 부응해서 남자에게 자신이 어렵게 허락한 사람이라는 것을 보여주는 것이다.

그렇게 밤을 지낸 후에 어색하다면 그 어색함을 풀기 위해 남자는 노력할 것이다. 만약 그 어색함을 전혀 의식하지 않고 멋대로 행동하는 남자라면 여자에게 애정이 없다고 봐도 된다.

섹스를 하기 전에 많은 여자들이 걱정한다.

"이 남자가 나랑 자고 나서 마음이 변하면 어떻게 하지?"

그래서 심지어 남자에게 대놓고 묻기도 한다.

"나랑 자려는 이유가 결혼하려는 거지?"

"자고 나서 나 안 버릴 거지?"

이 정도로 불안한 마음이라면 차라리 그 남자와는 섹스를 하지 말라고 권하고 싶다. 섹스를 하기 전에 굳이 저런 질문을 할 필요가 없다. 저런 질문을 했다는 것 자체가 남자에게 자신의 불안감을 보여주는 것에 지나지 않는다. 그리고 이상하게도 저런 말을 들었던 남자들은 섹스 후에 그대로 행동하는 경향이 많다. 그것은 남자의 마음이 변한 것이 아니라 당신의 마음이 불안한 상태에서 섹스를 했기 때문에 생기는 문제다.

섹스가 고민된다면 섹스를 해도 된다고 스스로 결심한 후에 행동해야 한다. 아무리 남자가 조르고 보채도 당신의 결심이 없다면 백 번이고 천 번이고 "나중에"라고 대답해야 한다. 결심 없는 섹스로 더 이상 괴로워하지 말고 자신의 결심에만 충실하자.

한 가지 더. 섹스를 할 때 피임을 해야 한다는 것은 아무리 강조해도 지나치지 않다. 임신은 아주 복잡한 현실에 자신을 내동댕이치는 결과로 이어지는 지름길이라는 사실을 명심하자.

왕자로 하여금 물속으로 들어오게 하라　◯

인생은 사막,
연애는 오아시스

많은 사람들이 '사랑은 괴로운 거야' 혹은 '사랑은 어렵고 애틋한 거야'라고 생각한다. 하지만 필자가 보기에 연애는 '인생의 한 부분'이다. 우리는 때로 이것을 잊어버리고 연애가 인생의 전부이며 연애가 인생보다 크다고 생각하고, 그래서 연애에 목숨을 걸어야 한다고도 생각한다. 그런 생각이 바탕이 되면 어떤 괴로운 연애도 참아야 한다고 믿어버린다.

인생에 대해 다시 생각해보자. 쉽게 정의 내리기 어렵지만, 사람이 태어나서 죽어가는 과정이 인생이라고 볼 때 인생은 어렵고 힘든 것이 맞다. 우리는 인생이 쉽거나 즐거워야 할 것이라는 전제하에 괴로워한다.

그러나 인생이 원래 괴롭고 어려운 것이란 사실을 인정하면 이런 시각도 달라진다. 우리는 누구나 힘들고 어려운 인생을 보내고 있다. 즐거운 인생을 보낼 것 같은 내 주변의 사람도 힘들기는 마찬가지. 다만 이렇게 힘들고 어려운 인생에서 어떻게 즐거움과 행복을 찾느냐를 생각하면 된다.

이렇게 봤을 때, 인생이 물도 없고 햇볕만 내리쬐고 풀도 없는 사막이라면 연애는 그런 사막을 걷다가 만나게 되는 오아시스다. 그러므로 연애에는 내 갈증을 달래주는 샘물과 그동안 보지 못했던 파릇파릇한 풀도 있는 것이다.

우리는 주어진 시간을 오아시스에서 보낸 후 또 사막의 길을 걸어가야 한다. 하지만 어딘가에 오아시스가 있다는 것을 알기에 걸을 힘을 낼 수 있는 것이다.

그런데 반대로 인생은 오아시스고 연애는 사막이라고 생각하는 사람들이 있다. 연애라는 사막을 견디면 인생이 오아시스가 될 거라고 믿는 것이다. 흔히 연애가 잘되면 인생이 잘 풀릴 거라는 기대를 갖는 부류다. 그래서 힘든 연애도 잘 견디면 나중에 인생이 장밋빛으로 변할 것이라고 생각한다.

그러나 이 반대라는 걸 명심하자. <u>사막의 인생을 잘 견뎌야 오아시스인 연애가 나타난다. 만약 연애가 괴롭다면 그것은 오아시스가 아니라 사막에서 신기루를 보고 착각한 것에 지나지 않는다.</u> 사막의 길을 걷는 힘든 행군이 좀 더 이어질지는 모르지만 어서 가짜 오아시스에서 빠져 나와 진짜 오아시스를 찾아보자.

연애를 하면서 느끼는 행복감은 당연한 것이다. 고통스럽지 않은 연애는 연애가 아니라는 생각부터 버리자. 오아시스가 있기에 사막을 걸어갈 수 있듯이 연애가 있어 인생을 살 수 있다. 그리고 사막 어딘가에 오아시스가 있어서 가치가 있는 것처럼 우리의 인생도 어딘가에 연애가 있어서 행복해질 수 있을 것이다.

세상에 떠도는 연애 조언을 걸러 듣는 법

흔한 연애조언과 여자들의 생각, 괄호 안의 진짜 의미를 구별해보자.

1. 열 번 찍어 안 넘어가는 나무 없다.

    계속 대시해봐? 설마 안 넘어오겠어?

    (남자용. 여자는 열 번 찍혔다고 생각했을 때 넘어가주면 된다.)

2. 사랑은 표현을 자주 해야 해. 그래야 서로 애정도 깊어진대.

    내가 표현이 부족한 것 같아. 더 많이 표현해줘야지.

    (남자용. 남자의 사랑 표현을 받아줄까 말까 판단하기만 하면 된다.)

3. 여자는 남자가 쫓아다녀야 해.

    요즘 세상에 목숨 걸고 여자를 쫓아다니는 남자가 어디 있어. 적당히 해야지.

    (진리다. 쫓아오지 않는 남자를 여자가 쫓아다니려고 하지 말 것.)

4. 주위에 좋은 사람 없어?

    가만 생각해보니 ○○가 괜찮은 것 같은데. 같이 밥이라도 먹자고 해볼까?

    (남자용. 여자를 삽질시키기 딱 좋은 말이다. 이 말을 듣고 주변 사람 중 가장 괜찮은 남자에게 들이대는 실수를 한다. 차라리 다른 환경으로 남자를 만나러 나가는 편이 현명하다.)

5. 눈을 낮춰봐.

저번에 만난 대머리 남자한테 다시 연락을 해봐?

(남자용. 연예인의 외모나 바라보지 말고 정말로 좋아하는 여자를 찾아보라는 말이지, 눈 낮추고 연락하라고 여자에게 하는 말이 아니다.)

6. 남자는 자기가 좋아하면 어떻게든 연락해.

이 남자는 소극적이라서 내게 전화를 못하는 걸 거야.

(진리다. 연락 안 하는 건 성격 탓도, 바쁜 업무 탓도 아니다. 그저 나에게 관심 없어서일 뿐.)

7. 요즘 세상에 남녀 구분이 어디 있어. 여자도 적극적으로 해야 해.

그래, 내가 먼저 연락하고 고백해봐야지.

(편하게 연애하고 싶은 남자들이 만들어낸 말이 아닐까? 문명이 남녀의 본디 성질을 바꿀 수는 없다.)

8. 사랑은 받는 것이 아니라 주는 것이다.

난 너무 사랑을 받기만 하려는 것 같아. 주기도 해야 하는데……. 반성해야지.

(남자용. 남자가 여자에게 사랑을 줘야 한다.)

9. 헌신하면 헌신짝이 된다.

내가 하는 게 헌신인지 아닌지 모르겠네.

(여자용. 남자는 헌신해야 사랑을 얻을 수 있다.)

10. 용감한 사람이 미인을 얻는다.

난 미인이 아니니까 적당히 넘어가줘야지.

(남자용. 노력한 사람이 자기가 원하는 여자를 얻을 수 있다.)

삽질녀는 어떻게 변화하였는가?

글로벌 미녀의 체험기

'너를 위해서'라며
상대를 괴롭혔던 연애와 이별했다

제 연애는 순탄하게 잘 되지 않았습니다. 절실할수록 더 꼬여가는 것 같았지요. 돌고 도는 뻔한 조언은 머릿속에 들어오지 않았습니다. 하지만 피오나 님의 조언은 달랐습니다.

'쓰지 않는 것을 버려라, 머리를 길러라, 연락을 멈춰라' 등 당장 할 수 있고, 이렇게 하면 내 연애가 잘 된다니 얼마든지 따라 할 수 있었습니다.

제가 느끼기에 〈인어공주가 다른 남자를 만났다면〉에서 제시하는 지침은 궁극적으로 나를 사랑하는 방법이 아닐까 싶습니다. 나를 사랑하고 내가 행복해야 타인과의 만남이 행복할 수 있다는 어찌 보면 당연한 사실을 잊은 채 관계의 늪에 빠져 허우적댔던 것이죠.

저는 삽질, 징징녀였습니다. 나 자신보다 상대를 삶의 중심에 두고 살아가며, 사랑한다면 나와 같은 마음이라 착각하며 행복이라는 이름으로 상대를 강요하며 괴롭혔을지도 모릅니다. 저의 변화는 나와 다른 사람의 생각이 다른 것을 인정하는 것에서부터 시작되었습니다. 그러자 나를 진짜 사랑하는 방법이 무엇인지 알게 되었습니다.

내가 원하는 삶을 살기 위해서는 모든 생각과 행동의 중심에 내가 있어야 하고 그 중심이 흔들리지 않도록 매일매일 실천해야 한다고 생각합니다.

처음에 책을 접했을 때는 연애를 공부한다는 게 왠지 부끄럽게 여겨졌지만 지금은 좋은 관계를 맺기 위해서는 연애도 나 자신도 반드시 공부를 해야 한다고 생각합니다. 그로 인해 나의 생활과 결혼에 더 큰 긍정적 변화를 가져올 수 있다고 믿기 때문입니다.

인어공주
구제
프로젝트

태도
2

헌신이 아닌
애교와 웃음으로
왕자를
사로 잡아라

헌신이 아닌
애교와 웃음으로 왕자를 사로잡아라

남자를 대하는
태도의 정석

먼저 연락하지 말라는 필자의 조언을 남자에게 쌀쌀맞게 대하라는 것으로 이해하면 안 된다. 그것은 오히려 전화를 어떻게 사용할 것인지의 문제에 더 가깝다. 그렇다면 과연 남자는 어떻게 대해야 할까? 직접 만났을 때 바로 써먹을 수 있는 노하우를 소개한다.

첫째, 무조건 웃을 것.

밝은 얼굴, 환한 표정은 아주 중요하다. 아무리 미인이라도 늘 찡그린 얼굴을 한 여자에게는 가까이 다가가기조차 어렵다. 평범한 여자들에게 좀 더 긍정적인 이미지를 줄 수 있는 것은 바로 미소다.

지금보다 더 많이 웃어도 괜찮다. 마음의 근심과 걱정을 떨쳐버리고 남자를 만나서뿐만 아니라 평소에도 많이 웃고 밝게 지내자. 그래야 남자를 만나서도 자연스럽게 웃을 수 있다.

그러다 싫어하는 남자가 자기를 좋아하는 것으로 착각하면 어떻게 하냐고? 그런 걱정은 붙들어 매두시길! 남자들은 그렇게 간단히 여자를 좋아하지 않는다.

웃는 얼굴은 인간관계를 원활하게 하는 윤활유다. 물론 연애를 할 때도 무엇보다 중요하니 미소는 잊지 말 것.

둘째, 감사를 표현하라.

데이트를 할 때 남자들이 여자를 위해서 해주는 것이 참 많다. 자동차 문을 열어준다든가, 무거운 가방을 들어준다든가, 사람이 많은 곳에서 보호를 해준다든가, 밥을 사준다든가, 선물을 사준다든가.

여기서 놓치기 쉬운 것이 바로 감사의 표현. 보통 여자들은 감사하다는 표현을 하지 않고 '다음에 내가 저녁을 사지', '나중에 좋은 선물을 사주지' 하는 식으로 다음번에 다른 것으로 돌려주겠다고 생각한다. 그러나 이것은 그다지 바람직한 방법이 아니다.

남자들이 애정을 느끼는 순간은 자신이 무엇인가를 했을 때 그것을 받아들이는 여자가 기뻐하는 바로 그 순간이다. 쑥스럽더라도 '고마워요'라는 말은 꼬박꼬박하는 것이 좋다. 저녁을 사줬을 때 고맙다는 말 외에도 '맛있었다. 분위기 좋은 곳이었다. 정말 좋아하는 음식이었다'라고 진심으로 감사를 표현하자.

그렇다고 이런 표현을 하기 위해 헤어진 후 먼저 메시지를 보내거나 전화를 할 필요는 전혀 없다. 표현은 그 자리에서 하는 것으로 충분하다.

<u>셋째, 좋아하는 것과 싫어하는 것을 분명하게 알려줄 것.</u>

좋고 싫은 것을 직접 말로 설명하라는 얘기가 아니다. 예를 들어 영화를 보러 갔을 때, 처음엔 서로의 취향을 모를 수 있기에 어떤 영화를 좋아하는지 남자가 물어올 것이다.

만일 당신이 로맨스 영화를 좋아한다면 직접적으로 말할 필요 없이 "그냥 아무 영화나 괜찮은데요"라고 답하자.

그러면 남자가 다시 물을 것이다.

"공포 영화 어때요?"

공포 영화를 보고 싶지 않다면 "글쎄요"라고 답한다. 그러면 남자가 다시 물을 것이다.

"아, 별로인가 보네요. 액션은 어때요?"

"아, 액션이오? 누가 나오느냐에 따라 다르죠."

당신이 이 정도만 얘기해도 남자는 당신이 원하는 답을 말할 것이다.

"로맨스 영화 어때요? 요즘 새로 개봉한 게 있더라고요."

그것이 바로 당신이 원했던 영화였다면 오버를 해도 괜찮다.

"와! 저, 그거 정말 좋아해요. 어떻게 아셨어요? 내가 그거 보고 싶어 했는지!"

알아맞힌 게 전혀 신기하지 않아도 이런 표현을 통해 당신이 좋아하는 것을 알려주자. 싫어하는 것을 알려줄 때도 굳이 싫다고 콕 집어 말할 필요가 없다. 그냥 침묵하면 된다.

넷째, 낭만적인 이벤트는 남자가 하도록 놔둘 것.

연인들이 챙겨야 하는 많은 '날'들이 있다. 100일 기념일, 밸런타인데이, 생일 등등 여자의 마음엔 온통 이벤트의 날들로 가득하다. 그래서 미리 이벤트를 준비하고 기대를 한다. 그러나 절대로 먼저 이벤트를 준비하지 말 것. 남자가 준비하는 이벤트에 응해주는 것에 만족하자.

예를 들어 화이트데이를 기대하면서 밸런타인데이에 엄청난 것을 해줘야만 한다고 생각하기 쉽다. 그러나 진정으로 당신을 좋아하는 남자라면 당신이 밸런타인데이에 초콜릿을 줬든 안 줬든 개의치 않고 화이트데이에 당신에게 꽃과 사탕과 맛있는 식사를 준비해줄 것이다.

또 한 가지. 남자가 먼저 말을 꺼내지 않는 한 기념일에 대해서는 언급하지 말고 먼저 나서서 준비하지도 말 것. 여자가 먼저 이벤트를 주도하고 시작했다면 남자는 평생 여자가 이벤트를 챙기지 않는 한 스스로는 먼저 챙기지 않는 수동적인 자세에만 머무를 수 있다. '어차피 여자가 할 텐데' 혹은 '굳이 내가 할 필요가 없지'란 생각을 가지게 된다.

그러나 한 번이라도 스스로 이벤트를 준비해서 여자가 기뻐하는 모습을 본다면 남자는 다음에도 스스로 이벤트를 준비할 것이다. 처음부터 강도 높은 이벤트를 계획하고 남자에게 해달라고 요구하거나 직접 나서서 준비할 게 아니라 소박한 이벤트일지라도 남자가 준비한 이벤트를 기쁘게 받아들이면 된다.

당신이 준비한 생일 선물, 100일 기념 선물에 남자가 고마워하더라도 당신의 생일에 그는 얼마든지 빈손으로 올 수도 있다. 그때 당신이 받는 상처는 이미 돈 문제를 넘어선 마음의 상처라는 것, 명심하길!

헌신이 아닌
애교와 웃음으로 왕자를 사로잡아라

말은 친절하게
행동은 단호하게

남자에게서 느닷없이 문자가 왔다.

"오늘 일찍 끝나는데 만날 수 있을까요?"

이런 '급만남'에는 응하지 않는 게 좋다. 일단 심심풀이일 가능성이 높기 때문이다. 진지하게 만나고 있다 하더라도 남자가 원할 때 언제나 만날 수 있는 여자가 되어서는 안 된다.

이럴 땐 어떻게 대답해야 좋을까? 이럴 때 써먹을 수 있는 마법 같은 말, "저도 그러고 싶지만"이 있다. 남자의 제안을 거절할 때 앞에 붙이기만 하면 된다.

"저도 그러고 싶지만 오늘은 일이 많아서 다음에 만났으면 좋겠어요."

여기서 "저도 그러고 싶지만"이 빠져버리면 아주 딱딱한 말

<u>이 되어버린다.</u> 여기서 중요한 건 '만나지 않는다'는 행동이다. 당신에게 관심이 있다면 남자는 다시 연락을 해올 것이다.

그런데 토요일 아침에서야 "오늘 시간 되면, 같이 영화나 볼까요?"라고 연락을 해온다면 당연히 거절해야 한다. 이것도 '급만남'이기 때문이다. 이때도 "저도 그러고 싶지만 선약이 있어서요. 다음에 만나요"라고 답을 하자. 이 정도면 충분히 다음에 만나자는 의사를 표현한 것이다. 중요한 것은 '급만남에는 응하지 않는다'는 행동이다.

정말 당신을 만나고 싶어 하는 남자라면 "그럼 다음 주 토요일에는 다른 약속이 없나요?"라고 재차 물을 수 있다. 당신이 예스를 외쳐야 하는 순간이다. "네. 다음 주 토요일에는 괜찮아요"라고. 여기서 중요한 것은 '다음 주 토요일에 만나는' 행동이다.

상황을 돌이켜 살펴보자. 지금까지 '말'은 달라지지 않았다. 그러나 결과적으로 행동은 바뀌었다. 갑작스러운 만남에는 응하지 않았고 미리 잡은 약속에는 응했다는 것. 이렇게 되면 남자는 자신도 모르는 사이에 학습을 한다. 미리 약속을 정해야 이 여자를 만날 수 있구나 하고. 굳이 직접적으로 '미리 약속을 해야 만날 수 있다'고 말할 필요가 없다. '이런 갑작스러운 약속은 곤란하지만 이번만 봐줄게요' 하면서 만나는 것은 남자에게 혼란만 안겨줄 뿐이다. 그저 "저도 그러고 싶지만"이라는 친절한 말과 정작 만나주지는 않는 단호한 행동이면 충분하다.

거절하기 어려운 상황에서도 이런 행동은 유용하다. 만일 당신이 술을 별로 좋아하지 않거나 못 마신다고 하자. 남자가 술을 마시러 가자고 해도 "전 술 못 마셔요"라고 거절하지 말고 그저 기분 좋게 술자리로 간다. 그리고 술을 조금만 마시는 행동을 보여주는 것이다.

그 모습을 본 남자는 그때서야 물을 것이다.

"술을 안 좋아하시나 봐요?"

당신은 "안 좋아하는 건 아니지만……"이라고 말하면서도 술을 마시지 않는 행동을 보여주면 된다. 그러면 남자는 당신이 술을 싫어한다는 것을 기억할 것이다.

술을 예로 들었지만 다른 경우에도 얼마든지 쓸 수 있다. 남자가 당신이 싫어하는 운동을 같이 하자고 제안했다면 이때도 마찬가지로 응한다. "저도 같이 가고 싶지만, 그날은 다른 약속이 있어서요"라고 말하고 만나지 않는 것이다. 그렇게 두 번만 거절하면 남자는 당신이 싫어하는 운동을 같이 하자고 하지 않을 것이다.

대부분의 여자들이 억지로 행동을 해주면서 말로는 투덜거린다. 이러면 남자들은 여자가 그것을 싫어한다고 생각하지 못할 수 있다. <u>우리가 남자의 행동을 보고 판단하듯이 여자들도 말이 아닌 행동으로 남자에게 보여주자. 말로는 상냥하게, 그러나 행동은 단호하게!</u>

헌신이 아닌
애교와 웃음으로 왕자를 사로잡아라 ○ ○

감정을
폭발시키지 마

　　　　　　남자친구는 언제나 약속 시간에 늦는다. 오늘은 일찍 오겠지 싶었는데 벌써 30분이나 지났다. 커피숍에 혼자 앉아 기다리는데 시켜놓은 커피도 이미 바닥을 드러내고 있다. 문자를 보내도 답은 없고 전화도 받지 않는다. 오늘은 어디까지 가는지 두고 보자며 꾹 참고 기다린다. 남자친구는 결국 약속 시간보다 45분이나 지나서 헐레벌떡 들어온다. 화가 머리끝까지 났지만 한 번 참는다. "좀 일찍 다니든가, 아예 약속 시간을 늦추든가 해"라고만 말해둔다.
　남자친구는 잘못했다고 사과를 하고 밥을 먹으러 가자고 한다. 메뉴를 고르는데 내가 먹고 싶은 스파게티는 아예 제쳐둔다. 내가 얼마나 스파게티를 좋아하는지 알기나 하는 건지, 정말 나에게 무관심하다는 생각이 든다. 또 한 번 꾹 참고 냉면집으로 간다. 냉면을 먹다가 다음 주로 다가온 자신의 생일에 어떻게 할 건지 남자친구에게 묻는다.

"우리 다음 주에 뭐할까?"

"다음 주? 회사에 일이 있을지도 모르는데?"

과연 내 생일을 기억하고나 있는 건지 화가 치민다. 결국 더는 참지 못하고 말을 쏟아낸다.

"도대체 사람이 왜 그렇게 무심해? 내가 너한테 도대체 뭐야? 내가 뭘 좋아하고 뭘 싫어하는지, 그런 거 알기나 해? 이럴 거면 왜 사귀어? 내가 얼마나 참았는데. 내가 너한테 고작 이 정도밖에 안 되는 거야?"

남자친구는 말없이 듣기만 한다.

"대답 좀 해봐. 난 뭐냐고?"

드디어 남자친구가 대답한다.

"난 최선을 다하는 거야. 네가 그걸 몰라준다면 할 수 없지."

화도 나면서 당황스럽기도 하다. 할 수 없다니. 그럼 대체 어쩌자는 거지?

"나 집에 데려다 줘. 그만 집에 갈래."

냉면을 코로 먹었는지 입으로 먹었는지도 모르게 후딱 음식점을 나와버린다. 집에 도착할 때까지 침묵. 괜히 눈물이 흐른다. 내가 왜 이런 남자를 좋아해 가지고 이런 대접을 받는지…….

집에 도착하자 남자친구의 얼굴도 쳐다보지 않고 말한다.

"그만 가. 연락하지 마."

그는 말없이 돌아서서 간다. 그 모습에 야속해서 집에 들어가 혼자 이불을 뒤집어쓰고 펑펑 운다.

다들 이런 식으로 싸운다. 싸움에 대한 감정은 섭섭함, 기대의 어긋남, 무관심, 그리고 위로하지 않는 그의 태도 등에서 비롯된다고 여자들은 생각한다.

바로 여기에 중요한 포인트가 있다. 남자친구가 45분이나 늦었을 때 그 화를 참으면서 앉아 있지 않는다는 것. 15분 정도 기다리다가 볼일을 보러 가면 된다. 차라리 친구나 가족에게 전화를 걸어 화를 풀자. 그러면 그 이후의 상황은 일어나지 않는다. 자신의 감정이 폭발할 순간을 스스로 피하는 것이다.

또 밥을 먹을 때도 자신이 좋아하는 메뉴를 고르지 않는다고 투정할 것이 아니라 "스파게티를 먹으러 가자"고 했으면 간단히 끝날 일이다. 그걸 참았다가 엉뚱한 데서 감정을 폭발시킬 이유가 없다.

내 생일의 스케줄에 대해서 먼저 남자친구에게 묻지 말 것. 생일을 위한 이벤트는 내가 받는 입장이다. 받는 입장에서 뭘 어떻게 할 거냐고 묻는 것은 우스운 일이다. 남자친구가 먼저 그날의 스케줄을 얘기하지 않으면 친구들끼리 만나서 생일을 보낼 수도 있다. 그러면 생일을 안 챙겨주는 남자친구에게 섭섭한 감정을 폭발시킬 일이 없다.

　화가 났을 때는 그 자리를 피하자. 어떻게든 남자친구를 붙잡아두려고 집에 데려다 달라고 하면서 같이 있는 시간을 늘리지 말자. 오늘은 혼자 가겠다고 하고 택시라도 타버리면 된다. 택시를 타고 가는 와중에도 남자친구에게 전화를 걸어 "내가 화 내고 가는데 넌 아무렇지도 않냐"고 따지지도 말 것. 차라리 다른 친구나 언니에게 하소연하길. 그들이 더 따뜻하게 당신의 하소연을 들어줄 것이다.

　남자친구와 싸워서 이기기 전에 더 중요한 점은 감정적인 상태에서 대화하지 않는 것, 감정이 폭발하는 상황을 피하는 것이다. 자신의 감정을 조절하는 법을 스스로 깨우쳐야 한다. 스스로의 감정도 조절하지 못하는 사람이 과연 다른 사람과의 관계를 제대로 맺어갈 수 있을까?

헌신이 아닌
애교와 웃음으로 왕자를 사로잡아라

남자친구에게
백전백승하는 법

사이가 좋건 나쁘건 간에 연인이나 부부 사이에서 의견 충돌로 인한 싸움은 피할 수 없는 것 중 하나다. 필자는 이때 어떻게 승자가 되느냐 하는 것이 상당히 중요하다고 생각한다. 관계의 주도권에 관한 문제이기 때문이다. 혹자는 사랑하는 사이에 주도권 운운하는 건 너무 피곤하지 않냐고 반문하겠지만, 막상 겪어보면 그에 대한 문제가 만만치 않다.

이런 갈등과 싸움에서 이기는 것은 앞으로의 관계를 생각할 때도 매우 중요하다. 주도권을 잡겠다고 처음부터 강하게 나가보지만 도대체 먹혀 들지 않는 남자들 때문에 애태우는 여자들도 부지기수. 대체 어떻게 해야 이길 수 있을까?

우선 싸움의 선택이 중요하다. 감정적인 문제로는 절대 싸우지 말 것. 이것이 첫걸음이다. 왜 나한테 소홀할까, 왜 나한테 선물을 안 하는 걸까, 왜 사랑한다는 말을 안 하는 걸까 하는 의문들은 일방적인 불만을 토로하거나 투정부리는 것에 지나지 않는다. 이런 감정적인 투정은 절대 싸움이 될 수 없다.

진정한 싸움은 '의견 충돌'이다. 간략히 예를 들면 이번 휴가에 설악산에 가느냐, 제주도에 가느냐의 문제 같은 것이다. (이것은 의견 충돌이 일어나는 하나의 예일 뿐, 휴가지를 정하는 문제로 싸우라는 뜻은 절대 아니다.) 남자친구는 여러 가지 이유를 들어 설악산이 낫다고 우기고 자신은 설악산에 가기는 죽어도 싫고 꼭 제주도에 가야만 하는 그런 때에 남자를 움직이는 방법이다.

일단 싸움을 결심할 때도 이성적이어야 한다. 이성적인 판단 하에 싸움을 시작하는 것이다. 감정적으로 싸움을 시작해버리면 감정적인 말만 퍼붓게 되고 나중엔 이쪽에서 미안해지는 분위기가 되어 결과적으론 지게 된다. 그렇게 되면 다시 싸움을 해도 똑같은 패턴만 반복된다.

싸움에 임하기 전에 가장 중요한 마음가짐은 '이겨야 한다'는 자세. 그래서 앞으로의 주도권은 자신이 쥐겠다는 의지가 있어야 한다. 위의 예로는, 앞으로 절대 내가 가고 싶지 않은 곳으로 여행을 가는 상황은 만들지 않겠다는 결심을 하는 것이다.

싸움은 어떻게 시작해야 할까? 시작하는 것도 이쪽에서 해야 한다.

남자가 설악산으로 여행을 가면 좋은 이유들을 나열하며 설악산을 권해오면 이렇게 대답한다.

"난 제주도가 좋아. 바다가 보고 싶어."

"설악산도 바다랑 가깝잖아. 거기도 들르면 되지"라고 남자가 설득한다. 여기서 설득을 당할 것인가, 아니면 내가 가고 싶은 제주도로 갈 것인가를 결정해야 한다. 설악산에 가도 상관없다면 싸우지 않아도 되고, 그래도 제주도로 가야겠다면 싸움을 시작하는 것.

"난 제주도 가고 싶다고 했잖아!"

이렇게만 말하고 그 자리를 피하자. 만나고 있는 중이라면 그만 집에 가고 싶다고 해도 좋고 전화하는 중이었다면 그냥 끊어버리면 된다. 진짜 화가 났어도 괜찮다. 다만 그 후에는 절대로 먼저 연락하지 말 것. 먼저 연락해버릴 것만 같다면 친구에게 전화를 걸어 수다를 떤다든가, 영화를 본다든가 하며 다른 일에 집중하자. 그렇게 다른 곳으로 관심을 돌리면서 마음을 진정시킨다.

그 다음은 간단하다. 남자친구가 어떤 방법으로든 연락을 해서 "네 말대로 제주도로 가자"라고 할 때까지 버티는 것이다. 연락이 안 온다고 해서 먼저 연락해서 "미안하지만 제주도로

가면 안 돼?" 이렇게 졸라대면 안 된다. 그렇게 되면 다시 설악산과 제주도 사이에서 논쟁만 더 커질 뿐이다. 결국 내가 들어야 하는 대답은 "네 마음을 몰라서 미안했어. 제주도에 가자"라는 것이다. 그 대답을 들을 때까지 이쪽에서는 어떤 행동도 먼저 해서는 안 된다.

남자친구가 사과를 했을 때 받아주면 된다. "정말 고마워. 우리 제주도에 가서 재미있게 놀자"라며 제주도로 떠날 준비를 하면 상황은 정리된다.

남자친구가 억지로 할까 봐 걱정이라고? 그런 걱정은 할 필요가 없다. <mark>장소가 문제가 아니라 사랑하는 여자와 함께 있는 게 더 중요하다는 걸 남자가 깨닫도록 연습을 시키는 게 더 중요하다.</mark> 그리고 그 여자와 함께 있으려면 어떻게 해야 한다는 훈련도 된다.

혹시 이쯤에서 상대가 걱정된다면 아예 시도를 하지 말라. 그냥 참고 설악산으로 가고 대신 짜증도 내지 말고 즐겁게 놀다 오면 된다. 그럴 자신이 없다면 제주도로 가기 위한 싸움을 해야 한다.

우리는 흔히 연인이나 부부는 서로 맞추면서 연애하거나 살아가는 것이라고 생각한다. 그러나 서로 맞춘다는 것이 때로는 설악산과 제주도, 혹은 양쪽 다 양보해서 부산에 가는 선택을 할 수 없는 상황이 자주 발생한다는 데에 문제가 있다. 끊임

없이 한쪽의 의견대로 따라야 할 상황이 생긴다는 뜻이다. 내가 양보할 수 있는 건 별 문제가 안 되지만 상대방이 내게 맞추도록 해야 할 때도 있다. 남자의 기분이나 눈치를 보며 또 남자가 나를 더 사랑해줄 거란 기대에 억지로 양보하는 것만이 애정을 이어가는 최선의 선택은 아니다. 때로는 내가 하고 싶은 것을 하기 위해 싸움을 선택해야 할 때가 있다. 그럴 때는 이성적인 판단 하에 내가 이기겠다는 목표를 두고 이길 때까지 밀어붙여야 한다.

이렇게 한 번 성공하고 나면 그 다음부터 싸움에서 이기기는 쉽다. 이 우아한 승리는 목적을 분명히 생각하고 확고한 의지로 이길 때까지 밀어붙이는 인내심의 결과다.

헌신이 아닌
애교와 웃음으로 왕자를 사로잡아라

변명할 땐
'일'을 핑계로 댈 것

지금껏 남자들에게 수도 없이 들었던 말이 있다. 바로 "요즘 일 때문에 바빠"라는 말. 이 말을 들으면 남자를 이해하려고 노력하며 한걸음 물러났었다. 정작 자신은 정말 일 때문에 바쁘면서도 남자친구에게는 일 때문에 소홀하지 않다는 것을 보여주기 위해서 업무 시간에 메신저로 말을 걸어도 답해주고 야근이 있어도 핑계를 대고 빠져나와 데이트를 하고 있다. 그러나 이제는 남자에게 변명하거나 핑계를 대야 할 일이 있을 때, 혹은 싫은 남자를 거절할 적당한 이유가 필요할 때 '일'을 활용해보자.

우선 처음 만났는데 상내가 마음에 안 들 때, 어떻게 헤어져야 하는지 고민이 된다면? 걱정할 것 없다. 우리에겐 우리를 아주 바쁘게 만드는 일이 있다. 일단 마음에 안 드는 상대라면 30분에서 한 시간 정도 만나면 충분하다. 이때는 대화나 분위기나 눈치를 보지 말고 시간으로만 생각한다. 한 시간쯤 지났을 때 남자의 얘기를 끊고 말을 꺼낸다.

평일에 만났다면 "죄송하지만 제가 일을 못 마치고 와서 집에 가서 처리해야 할 게 있어서요" 정도면 된다. 무슨 일인지 구체적으로 설명할 필요는 없다. 물론 처음부터 당신이 무슨 일을 하는지도 확실하게 얘기할 필요가 없다. 만일 그 자리에서 남자가 괜히 핑계 대는 게 아니냐고 핏대를 세운다면 가까운 자리에 있는 사람에게 도움을 요청할 것.

그렇다면 주말에는 어떻게 할까? 토요일에 만났다면 "죄송하지만 내일(일요일) 출근을 해야 하는데 준비를 해야 해서요"라고 말한다. 이 경우에도 무슨 일인지, 뭘 준비해야 하는지 말하지 않아도 된다. 굳이 덧붙이자면 "우리 회사는 월말이 바빠서요", "우리 회사는 월초가 바빠서요" 정도. 어렵게 생각할 필요 없이 무조건 일을 핑계로 하면 그만이다.

약속을 미루거나 거절할 때에도 핑계는 '일'이다. 마음에 안 드는 상대에게는 되도록 '선약'이 있다고 말한다. 구체적으로 어떤 약속인지 말할 필요도 없고, 굳이 물어온다면 가족 모임이라고 해두자. 가족 모임에도 가지 말고 자신과 만나자고 할 수는 없을 테니까. 마음에 드는 상대에게는 평일이든 주말이든 일을 핑계로 댄다. 급만남을 거절할 때도 야근해야 할 것 같다거나 일이 너무 많아 집에서도 일해야 한다고 말하면 된다.

앞서 말한 "저도 그러고 싶지만"과 합쳐 응용할 수도 있다. 데이트를 거절할 땐 "저도 그러고 싶지만 회사에서 늦게 끝날 것 같으니 다음에 만나요"라고 말할 수 있다. 도대체 무슨 일이냐고 물으면 구체적으로 설명하지 말 것.

같은 직장에 있지도 않은, 또 아직 친하지도 않은 사람에게 자신의 일에 대해서 구구절절 얘기할 필요가 없다. 친해지기 전까지는, 친해지더라도 일 핑계는 상당히 유용하다. 그러나 남자에게 자기가 얼마나 회사에서 할 일이 없고 한가한지 말해주고 난 다음이라면 이런 핑계는 도저히 써먹을 수가 없다.

남자친구와 거리를 두고 싶을 때도 일을 핑계로 대면 된다. 학생이라면 공부를 핑계로 시험 기간이라거나 리포트가 있다고 말하면 된다. 백수라 할지라도 중요한 시험이 있다며 공부를 핑계거리로 삼으면 된다.

당신에게 관심이 있는 사람은 당연히 언제까지나 기다려줄 것이며 당신에게 관심이 없거나 당신이 싫어하는 사람은 떨어져나갈 것이다. 우리에게 일이 있다는 것은 얼마나 다행인지 모른다. 남자와의 만남을 그만두고 싶을 때, 데이트를 거절할 때, 혼자 있고 싶을 때, 그때마다 핑계거리를 찾느라 고민하지 말자. 우리에겐 일이 있다.

헌신이 아닌
애교와 웃음으로 왕자를 사로잡아라

나 홀로
로맨스에서 벗어나자

　　　　　　　로맨스에 대한 정의는 분분하겠지만 필자는 일단 '낭만적인 모든 행위'로 정의하고 싶다. 남자가 여자에게 꽃을 선물한다든가, 고백을 한다든가, 아니면 둘만의 여행을 떠난다든가 하는 그런 남녀 간의 모든 낭만적인 행위들 말이다.

　어렸을 때부터, 어쩌면 태어나면서부터 여자에겐 로맨스 본능이 있다. 우리가 읽었던 각종 공주 그림책, 인형들, 그리고 로맨스 영화, 드라마, 또 주변 인물들의 러브 스토리까지. 어쩌면 우리는 로맨스 홍수 속에서 살고 있는지 모른다. 정작 왜 나에겐 로맨스가 일어나지 않는 걸까 싶기도 하다.

　그래서 우리는 남자친구가 생기기만을 기다린다. 나도 남자친구가 생기면 꼭 로맨틱한 일들을 해야지 하고 벼르는 것이다. 남자친구가 생기면 그 마음에서 시작된 여러 가지 행동들을 한다. 옛날엔 학을 천 마리나 접어 건네주는 것이 유행하기도 했다. 밸런타인데이에는 직접 초콜릿을 만들고 크리스마스에는 커플 목도리를 선물한다. 그와 드라이브를 할 때는 일부러 사랑 노래가 담긴 CD를 준비하기도 하고, 연인들이 자주 간다는 분위기 좋은 레스토랑을 예약하거나 같이 가자고 조르기도 한다.

그런데 여기에 중요한 포인트가 있다. 이 모든 것들이 혹시 '나 홀로 로맨스'는 아닐까? 모든 로맨스는 내가 계획해놓고 남자는 그냥 따라오고만 있는 것은 아닌지? 여기서 착각하지 말아야 할 게 있다. <u>그 남자와 나 모두가 로맨틱해야 진정한 로맨스이지 나 혼자만 빠져 있는 로맨스는 로맨스가 아니다. 그건 삽질로 향하는 지름길일 뿐이다!</u>

그렇다면 대체 어떻게 해야 나 홀로 로맨스로 빠지지 않을 수 있을까? 바로 남자 쪽에서 시작하게 하면 된다. 남자가 여자의 생일이라고 꽃을 사왔다고 하자. 여자가 그 꽃을 아주 기쁜 마음으로 받으면 그 관계는 충분히 로맨틱한 관계다. 그런데 꽃을 사온 남자에게 여자가 자기는 꽃과 케이크를 함께 주길 기대했다며 짜증을 낸다면 그것은 나 홀로 로맨스다. 더 나아가서 여자가 기념일에 선물과 레스토랑까지 예약하고 남자는 그냥 나오기만 했다면 그것도 진정한 로맨스라고 보기 어렵다.

잊지 말자. 남자들도 충분히 로맨스를 꿈꾸고 있다. 남자들이 사랑하는 여자를 기쁘게 하기 위해서 꽃을 선물하고 프러포즈의 의미가 담긴 반지를 선물하는 것을 싫어하는 것이 절대 아니다. 다만 그런 기회를 갖지 못한 것일 수 있다.

로맨스는 일상생활에서도 얼마든지 남자가 먼저 시작할 수 있다. 아침에 "자기야, 좋은 하루!" 하고 문자메시지를 보내는 것도 작은 로맨스의 시작이다. 로맨스를 시작하려는 남자에게 나 홀로 로맨스를 꿈꾸며 '아침에 문자만 보내는 게 무슨 사랑이야?'라고 징징댄다면 더 이상 남자는 로맨스를 계속할 수 없다.

남자의 작은 로맨스에도 기쁘게 생각하고 감사를 표현해보자. 나 홀로 로맨스가 아니라 관계 전체에 로맨스를 가져오려면 마음의 여유가 필요하다. 닦달하지 말고 기다려보자. 사랑한다는 말은 쑥스러워서 못하겠다던 남자친구가 언젠가는 사랑한다고 쓴 카드를 선물해줄지도 모르니까.

헌신이 아닌
애교와 웃음으로 왕자를 사로잡아라

탐정 놀이는
이제 그만!

　　　　　　남자의 행동이 이상해서 뒷조사를 하면 꼭 다른 여자랑 만나는 것이 드러난다? 왜 나는 항상 남자친구에게 다른 여자가 생겨서 헤어지는 걸까? 여자의 감은 절대 틀리지 않아. 나도 감이 뛰어난 여자라고!

　이런 여자분들에게 고한다. 탐정 놀이는 이제 그만!

　아무 일 없이 사귀고 있다고 믿었는데, 그 남자는 나를 사랑하는 것이 틀림없다고 믿었는데, 어느 순간 통화 횟수가 뜸해지고 내가 연락해도 잘 받지 않고 데이트 횟수도 현격히 줄어든다. 물어보면 일 때문에, 혹은 집안일 때문에 피곤하고 지친다고만 한다.

　그 앞에서는 다 이해하는 천사의 얼굴을 하고선 집에 돌아와 탐정 놀이를 시작하는 여자들. 우선 SNS 혹은 블로그부터 뒤지기 시작한다. 방명록에 언젠가부터 자꾸 눈에 띄는 이름이 있다. 그 사람의 SNS까지 가보고 또 그 SNS에 연결된 다른 SNS까지 가보고 나서야 남자친구가 있는 여자라는 걸 알고 안심한다.

 이번에는 이메일. 남자친구가 메일에 접속할 때 자판 치는 것을 보고 비밀번호를 미리 외워두는 용의주도함은 필수다. 이메일에도 별다른 것은 보이지 않는다.

 답답한 마음에 그의 휴대폰을 꼭 봐야만 할 것 같다. 우선 자신의 휴대폰부터 체크한다. 문자함을 보니 한 달 전쯤부터 문자가 줄었다. 이상하게도 토요일 밤엔 문자가 없었다는 증거가 잡혔다.

 그러나 남자가 만날 시간을 쉽사리 내주지 않는 눈치다. 그러나 절대 포기하지 않는다. 명탐정은 끝까지 진실을 밝혀내야 하니까.

 어렵사리 다시 만나자 우선 자동차부터 확인한다. 조수석이 앞으로 조금 당겨져 있는 것 같다. '나보다 작은 여자를 태웠나?' 의심이 든다. 주행거리를 보니 집과 회사만 오갔다고 하기엔 좀 많이 늘어나 있는 듯 보인다. '그 여자랑 교외라도 나갔나?' 싶다.

 이제부턴 그의 휴대폰에만 눈독을 들인다. 그러나 좀처럼 휴대폰을 손에서 놓지 않는 그. 휴대폰을 보기 위해 오늘 자러 가야 할지도 모른다고 생각한다. 고맙게도 남자는 스킨십을 유도하며 모텔에 가려고 한다. 다른 때라면 조금 튕겼겠지만 오늘은 목적이 있으니 순순히 따라간다.

모텔에 들어가자 본격적인 취조와 휴대폰 물증 찾기가 시작된다.

"지난주 토요일 밤에 연락이 안 되던데, 뭐 했어?"

남자가 고분고분 대답할 리가 없다.

"글쎄, 일찍 잤을걸? 왜?"

용의자의 이런 대답을 용서할 수는 없다.

"아니, 3주 동안 토요일에 전화가 안 됐어."

용의자는 발뺌한다.

"그래? 난 몰랐는데."

의심은 여기서 더욱 증폭된다.

남자가 샤워하러 욕실로 갔다. 드디어 찾아온 기회! 통화 기록을 볼 것이냐, 문자를 볼 것이냐, 사진을 볼 것이냐 고민을 하다가 우선 통화 기록부터 살핀다. 여자 이름 발견! 문자함을 열어본다. 헉!

'자기야, 보고 싶어. 언제 와?'

'다음에도 또 같이 영화 보자. 오늘 너무 즐거웠어.'

연인 사이에나 수고받을 것 같은 문자늘이 가늑하다. 의심이 현실이 되는 순간이다. 그동안 참아왔던 것들이 모두 폭발한다. 그 이후는 기억하기도 싫은 악몽.

왜 남자에게 다른 여자가 생기면 늘 남자가 말하기도 전에 알아차리게 되는 걸까? 여자들에겐 정말 특별한 감이라도 있는 걸까? 아니면 내가 명탐정이라서 그런 걸까?

오늘부터 자신의 추리 능력은 아주 일반적인 수준이라고 생각하면 된다. 다른 여자가 생겼다는 건 어떻게든 티가 나게 마련이니까. 게다가 다른 여자가 생겼다는 걸 남자가 자신의 입으로 말할 리는 없다.

남자가 바람을 피웠을 때 들키기 쉬운 것에는 또 이런 원리가 있다. 여자는 남자가 청하는 만남을 받아들이는 식으로 행동하기 때문에, 남자들은 여자친구가 다른 남자를 만나는 걸 눈치채기 어렵다.

그러나 먼저 만남을 제안하고 애정표현을 하는 남자 쪽에선, 여러 여자와 데이트를 하고 애정표현을 하는 데에는 한계가 있기 때문에 어느 쪽에는 분명 소홀해진다. 굳이 에너지를 소모하며 탐정 놀이에 빠지지 않아도 남자의 변화를 알아챌 수 있다.

남자로부터 실연을 당하는 두 가지 경우를 생각해보자. 다른 여자가 있다는 것을 내가 알았던 경우와 몰랐던 경우. 특히 남자가 확실하게 이별을 얘기할 때에는 다른 여자가 있을 확률이 높다. 왜냐면 남자는 좀처럼 곁에 있는 여자를 쳐내려고 하지

않으니까. 굳이 정리하려 드는 것은 장애물이라고 생각해서다.

자신이 명탐정이라서 캐기만 하면 다 알 수 있다는 자신감은 그만 접어두고, 남자의 마음이 변했다고 느껴진다면 그냥 소리 없이 이별을 택하길 바란다.

헌신이 아닌
애교와 웃음으로 왕자를 사로잡아라

그 남자가 나에게 예쁘다고 하지 않는 이유

　　남자친구가 여자친구에게 절대로 예쁘다거나 좋아한다는 표현을 하지 않고 반대로 하는 경우가 있다. "넌 뚱뚱하지만 그래도 귀염성은 있어", 심지어는 "너 요새 살쪘다. 살 안 빼면 각오해"까지 외모에 대한 이야기를 스스럼없이 한다. 지능을 가지고 얘기하기도 한다. "넌 이런 것도 모르냐. 겉보기하곤 다르네"라고 말한다거나 "넌 참 사람들 앞에서 말을 이상하게 하더라. 무슨 문제 있는 거 아냐?"라며 충고랍시고 말을 한다.

　　혹시 지금 이런 말을 듣고 있다면 그 연애, 다시 생각해보시길! 물론 이런 말을 할 때 남자친구가 화를 내거나 기분 나쁜 어투로 말하지는 않을 것이다. 웃으며 농담으로, 혹은 마치 애정이 있는 듯 보이는 태도를 취하며 말할 것이다.

여자친구에게 '예쁜이'라는 별명을 붙여주는 남자가 있는가 하면 '뚱땡이'라고 부르는 남자도 있다. 귀여운 의미라면 후자도 괜찮다고 생각하는가? 큰 착각이다. 때리는 것만이 폭력이 아니다. 이런 것은 상대방의 인격을 짓밟는 언어 폭력이다.

주변에서 여자들이 간혹 이렇게 하소연한다.

"남자친구가 나더러 살쪘다고 뭐라고 해."

"어머, 넌 좋겠다. 난 만날 못생겼다는 말만 듣는데."

"난 한 번도 사랑한다는 말도, 예쁘다는 말도 들어본 적 없어. 자기는 그런 말을 쉽게 하는 사람이 아니래."

이렇게 아무렇지도 않게 남자친구에게 들은 말을 한다. 이것이 굉장히 심각한 사태라는 것을 자각하지 못하기 때문이다.

사랑에 빠진 남자는 여자에게 절대로 부정적인 얘기를 하지 않는다. 사랑에 빠졌다면 100킬로그램이 나가는 여자에게도 날씬하고 예쁘다고 한다. 그러나 사랑하지 않는 여자에게는 50킬로그램이 나가도 뚱뚱하고 못생겼다고 하는 것이 남자다.

자신에 대해서 부정적인 말을 아무렇지도 않게 하는 남자에게 당신은 학대 받고 있다고 해도 과언이 아니다. 이런 상황은 당신의 행동에도 영향을 미친다. 남자의 전화를 미처 받지 못했을 때 혹시 부리나케 전화해서 "미안해. 전화 못 받아서"라고 하지 않는지? 남자가 토요일에 영화를 보러 가자고 했는데 미처 다른 약속이 있다는 것을 깜빡 하고 남자친구와 약속을 해 버렸다면, 차마 남자친구와의 약속을 취소할 생각조차 못하는 건 아닌지? 마치 절대 권력자를 배신하면 큰일날 것이라 생각하는 것처럼 무의식적으로 복종하는 것 말이다.

그렇지만 당신이 그 남자의 전화를 안 받고 또 약속을 취소한다 해서 달라질 것은 아무것도 없다. 오히려 당신이 남자친구에게 제대로 대접받지 못하고 심지어 언어 학대까지 받고 있는 상황을 직시해야 한다.

혼자서 나쁜 사람이 되는 사람은 없다. 대부분의 사람은 인간관계에서 나쁜 사람이 된다. 어떤 사람에겐 한없이 좋은 사람이지만 어떤 사람에겐 한없이 나쁜 사람이 되기도 한다. 당신에게 긍정적인 언어를 쓰지 않고 당신을 함부로 대하는 그 남자는 어쩌면 다른 사람에게 좋은 사람일 수 있다.

그러므로 당신은 그 남자와 다른 사람과의 관계를 볼 것이 아니라 그 남자와 당신과의 관계를 보고 판단해야 한다. <u>타인에게 아무리 잘하는 남자더라도 당신에게 애정이 없다면 당신에겐 함부로 대할 것이다. 당신은 그것을 받아줄 필요가 없다.</u>

오히려 남자친구에게 "뚱뚱해", "못생겼어"라는 말을 들은 여자들은 '정말로 내가 못생겼나 보다', '내가 뚱뚱한가 보다'라고 생각하며 남자에게 칭찬을 듣기 위해 더 노력한다. 그러나 그것은 진실이 아니다. 당신은 충분히 아름답고 날씬하며 똑똑하다. 당신에게 못생겼다고 말하고 마음대로 약속을 정하는 남자에게 이건 부당하다고 말할 수 있을 때, 지금보다 행복한 사랑이 찾아올 것이다.

헌신이 아닌
애교와 웃음으로 왕자를 사로잡아라

헌신과 배려의 차이는?

　　　　　　내가 줄곧 남자에게 헌신하지 말라는 말을 많이 하니까 간혹 이런 내용의 질문을 하는 사람들이 있다. '헌신과 배려의 차이는 무엇인가요?' 그 차이는 아주 간단하다.

1. 내가 기쁘게 하는 것이냐?
2. 상대방이 기쁘게 받아들이느냐?

　　중요한 것은 첫 번째다. 두 번째, 상대방이 기쁘게 받아들이기 위해서 1번이 없으면 안 된다는 사실이다.
　　그러면 첫 번째, '내가 기쁘게 하는 행동이냐?'부터 얘기를 해보자.

　이 부분은 정말 나에게도 어려운 질문이었다. 남자에게 돈을 물쓰듯 쓰는 것보다 더 쓰던 시절에도 내 돈 나가는 게 맘속으로는 기쁘지 않았다. 하지만 내가 이렇게 하면 남자가 좋아할 거야, 남자가 알아줄 거야, 이런 생각에 남자한테 돈을 쓰며 헌신을 했다. 혹은 남자를 만나러 갈 때 설레니까 기쁘지 않으냐고 반문할 사람도 있을지 모르겠다.

　솔직한 그때 심정은 '이렇게 남자를 만나러 가려면 내 일도 못하고 일찍 일어나야 하고 피곤한데…… 그래도 가야지' 이런 생각이었다.

　스킨십도 마찬가지였다. 때로는 거부하고 싶었지만 '이 남자가 이걸 좋아하는데 해줘야지' 이런 생각에 싫은 내색도 못했다. 그 당시에는 내가 기뻐서 한다고 생각했지만 생각해보면 진짜로 기쁘지는 않았다.

　간혹 많은 분들이 '이런 건 피오나가 하면 안 된다고 하니까 하지 말아야지' 이런 생각을 하면서 행동하는 것 같다. 하지만 이 세상에서 최초로 이런 걸 하지 말라고 한 사람은 내가 아니다. 과거부터 여자들에게 '너무 남자에게 다가가지 마라', '남자에게 무조건 잘해주지 마라', '남자를 너무 따라다니면 안 된다' 하는 말들은 다 있었다.

　다만 그 말을 구태의연한 충고일 뿐이라고 많은 여자들이 무시했을 뿐이다. 내가 하지 말라고 한다고 해서 '안 해야지'라고 생각하기 이전에 자신의 마음을 들여다보라. 스스로 행동을 하면서도 분명히 찜찜한 기분이 들 것이다.

나는 왠지 돈을 더 쓰고 남자를 만나러 가는 일을 시시콜콜히 친구들에게 말을 안 했던 것 같다. 조금이라도 부끄러운 생각이 있었던 것 같다. 그러다가 남자와 관계가 끝나면 그때서야 친구들을 붙들고 하소연을 했었다.

"○○야, 내 말 좀 들어봐. 내가 그 자식한테 어떻게 해줬는지 아니? 내가 선물도 많이 해주고 해달라는 거 다 해주고……."

이렇게 관계가 끝난 후 억울함을 호소할 때야 진실되게 말할 수 있었다. 정말로 자신이 기뻐서 남자한테 해줄 수 있는 것인지부터 먼저 생각해보길 바란다.

두 번째는 '상대방이 기쁘게 받느냐?'다.

여기서 포인트는 고마워하느냐와 정말로 기쁜가는 다르다는 사실이다. 본인의 입장을 생각해도 알 수 있다. 선물이라고 다 기쁘지는 않지만 다 고맙기는 하다. 그리고 고맙다는 말은 얼마든지 할 수 있다. 그렇지만 정말 기쁜 선물은 드물다. 그리고 선물이 고맙다고 그 사람을 더 사랑하는 것이 절대 아니다.

여자들 사이에선 남자들이 좋아하는 것들에 대한 많은 말이 있다.

'여자가 요리를 해주면 남자가 좋아할 거야.'
'남자가 힘들다는데 술 사주면 좋아할 거야.'
'스킨십 마다하는 남자가 어디 있어, 한번 해봐.'

이런 것은 아주 보편적인 얘기고 실제 관계에선 더 구체적일 수 있다. 하지만 같은 과일이라도 딸기를 사주면 기뻐하지만 수박을 사주면 싫어할 수도 있다. 이렇게 다른데 무조건 '요리를 해주면 기뻐한다' 이런 식의 말은 아무런 도움이 되지 않는다. 그럼 어떻게 하는 게 좋을까?

방금 얘기한 1번과 2번을 합쳐보자. 남자에게 딸기를 사주고 싶다는 생각이 들었다. 1번, 나도 기쁘게 할 수 있을 것 같았다. 2번, 남자도 기뻐했다. 그럼 헌신이라기 보다는 배려에 가까울 수 있다. 그런데 여기서 여자가 착각을 해서 남자는 '과일을 좋아한다'라고 생각해버린다.

그래서 다음에는 수박을 사다. 1번, 나도 기쁘게 했다. 그런데 2번, 딸기를 사줬을 때보다 기뻐하지 않는다. 그러면 다음부터는 수박을 사주지 않으면 된다. 여기서 수박을 사준 행동이 잘못된 것은 아니다. 누구나 시행착오는 필요하다.

무조건 남자한테 무엇인가를 사줬다고 삽질이 아니다. 내가 기쁘지 않은데 남자에게 해주는 일, 남자가 기뻐하지 않는데 해주는 일, 그런 것들이 문제이지 서로 좋아한다면 문제될 것이 없다. 다만 서로 기뻐하는 일을 찾는 것이 몹시도 어려울 뿐이다.

그렇다면 차후에는 어떻게 할 것인가? 딸기를 기뻐하니 무조건 딸기를 사준다? 아니다. 물어보면 된다.

'나 장보러 왔어. 딸기가 있는데 사줄까?'

그러면 남자가 답할 것이다. 싫다고 하면 사지 말고 사달라고 하면 사면 된다. 한 번 좋아했다고 그것을 계속 사주는 것도 진정한 배려는 아니다.

우리는 상대방에 대해서 무한히 관찰하고 노력해야 한다. 내가 좋아하고 상대방도 좋아하는 것을 아는 것은 결코 쉬운 일이 아니다. 내가 좋아하니까, 혹은 상대방이 좋아하니까, 그것 하나만 생각하고 자신은 남을 배려한다고 많이 착각을 하는 것 같다.

많은 사람들이 나를 희생해서 남을 배려하는 것을 신의 경지에 이른 고차원적 배려로 생각하지만 실제는 '더 사랑받고 싶은' 마음에서 나온 이기적인 착각에 지나지 않을 수 있다. 그래서 나의 희생은 나뿐만 아니라 상대방도 기쁘게 하기 어려운 것이 아닐까.

헌신이 아닌
애교와 웃음으로 왕자를 사로잡아라

당신은 이미
애교가 있다

많은 여자들이 자기 연애의 문제점을 '애교가 부족하다'라고 생각하는 것 같다. 그리고 이것과 마찬가지로 모든 남자에게 통하는 '애교'가 있다고 생각하는 것 같다. 예전에는 드라마에서 송혜교가 '곰 세 마리' 노래를 불러 남자를 기쁘게 하는 장면이 회자되기도 했다. 요즘에는 '귀요미송'이라고 해서 남자들 앞에서 그 노래를 부르면 '애교'라고 생각하는 경우도 많은 것 같다. 이렇게 애교라고 하는 것들을 보면 참 단순하기 그지없다.

노래를 하거나 코맹맹이 소리를 내거나 하면 다 애교라고 생각하고, 애교가 없다고 생각하는 사람은 '노래를 못하거나 코맹맹이 소리를 못 내거나 혹은 안 어울려서 못한다'고 생각한다.

하지만 이렇게 단편적인 방법으로 남자의 마음을 사로잡을 수 있다면 이 땅에서 벌어지는 많은 남녀 사이의 비극은 일어나지도 않았을 것이다.

필자는 돈에서만이 아니라 관계에서도 로또를 바라는 사람들이 많다는 생각을 한다. 평소에 꾸준히 사람을 만나는 것이 아니라 하늘에서 떨어지는 로또처럼 남자도 하늘에서 뚝 떨어지기를 바라는 것 같다. 더구나 뚝 떨어지기만 바라는 것이 아니라 나를 한꺼번에 확 좋아해주기를 바란다. 이는 로또를 바라는 심리처럼 관계에서도 일확천금을 꿈꾸는 것과 같다.

사람의 관계도 저축을 해서 목돈을 만드는 것처럼 꾸준히 노력해서 친밀한 관계를 만들어가는 것이 더 상식적인 방법이다. 그러므로 애교 하나로 남자의 마음을 사로잡거나 싸운 후에 화해할 수 있다고 믿어서는 안 된다.

나는 진정한 애교란 '(지속적인) 긍정적인 태도'라고 생각한다. 예를 들어서 만날 때마다 마음에 안 든다고 트집잡고 짜증내고 그러다가 헤어질 때쯤 '오빠, 내가 차비 줄까?' 이러고 볼에 뽀뽀를 하고 남자가 기분 좋아한다며 자기는 애교가 있다고 뿌듯해 하는 여자가 있을지 모르겠다.

이런 관계는 오래가지 못한다. 지속적이고 전반적으로 본인이 긍정적인 태도를 보이고 있지 않다면 한순간의 애교로 오래갈 수 없는 것은 너무도 당연한 일이다. 그러면 긍정적인 태도가 애교보다 쉬울까? 절대 그렇지 않다.

많이 들어 본 말이지만 남자가 회사 상사 욕을 할 때 남자를 비난하지 않고 욕을 같이 해줄 수 있는 여자가 몇이나 될까?

나도 힘들었다. 남편이 회사에서 돌아와 '오늘 본부장이 어쩌고저쩌고……' 이렇게 말을 꺼냈을 때 내용을 들어보니 남편이 잘못한 것 같다. 그러면 거기서 '자기가 잘못했네'라고 말하는 게 좋을까? 아니면 '어떻게 본부장은 자기한테 그럴 수가 있어?'라며 동조해야 할까? 필자는 후자라고 생각한다. 그것이 진짜 긍정적인 태도라고 생각한다.

남자가 어떤 말을 하더라도 일단 긍정해 주는 것이 진짜 애교다. 만약에 위와 같은 상황에서 이성적으로 얘기한다고 남편의 잘못을 지적한 후 저녁 밥상에 앉아서 애교를 떤다고 쌈을 싸서 먹여준다면 그게 진짜 애교일까?

나는 솔직히 본부장이 누군지도 모르고 얼굴도 본 적이 없다. 단편적으로 남편에게 듣는 게 전부다. 그렇지만 남편의 얘기에 무조건 동조해준다. 내가 남편의 잘못을 지적하든 남편과 함께 본부장 욕을 하든 세상은 변하지 않는다. 하지만 남편의 기분은 달라진다. 그러나 막상 그 상황에서 남편의 의견에 동조해주기는 쉽지 않다. 먼저 남편의 잘못을 지적하려는 태도가 튀어나온다. 그러나 그것을 참고 남편의 말에 동조해주는 것, 그것이 진짜 애교라고 생각한다.

이렇게 일상생활에서 남자를 대하는 태도를 돌아본다면 얼마나 그 남자에게 긍정적인 태도를 보여주고 있는지 알 수 있다. 의외로 긍정적인 태도를 많이 보여주지 않고 있다는 것에 놀라울 정도다. 이런 글을 쓰고 있는 나도 마찬가지다.

특히, 내가 무조건 동조하는 긍정적인 태도를 제일 하기 힘든 때가 남편이 운전할 때다. 남편이 앞차를 욕할 때면 '당신도 잘못했지'라는 말이 불쑥불쑥 올라온다. 그럴 때마다 그냥 '저 차가 너무하네'라며 영혼 없는 수긍을 하려고 노력한다.

이벤트로 노래를 하고 코맹맹이 소리를 내는 애교보다 이런 긍정적인 태도를 평상시에 유지하기가 훨씬 더 어려운 것 같다. 그렇지만 연애를 하고 결혼을 한다는 것은 1회성 데이트에서 끝나는 것이 아니라 오랜 시간을 함께 생활한다는 의미다. 그래서 단편적인 애교보다는 지속적인 긍정적인 태도가 두 사람을 더 행복하게 할 것이라 확신한다.

<u>애교를 배우려고 노력하기보다는 자신이 현재 취하고 있는 부정적인 태도를 고치려고 노력하는 것이 훨씬 더 도움이 될 것이다.</u>

헌신이 아닌
애교와 웃음으로 왕자를 사로잡아라 ○ ○

관찰 기간은
길수록 좋아

　　　　　　　　　필자가 어릴 땐 주로 방학 숙제로 '관찰일기'라는 것을 썼다. 물이 담긴 컵에 양파나 고구마 같은 것을 넣어두고 하루하루 반응을 관찰하고 기록하는 것이다. 그때는 하루만 지나도 달라지는 양파를 보는 것만으로도 신기했다. 물을 갈아주고 햇볕을 쏘여주고 하루가 지나 몇 센티미터가 자라는지 확인하는 것만으로도 기뻤다. 그 관찰일기에는 '양파를 오래 키우자'든지 '크게 키우자'든지 하는 목표는 없었다. 다만 하루하루 어떻게 변해가는지를 적을 뿐이었다.
　　그 관찰이 무슨 의미가 있었을까? 그때 키운 양파가 어떻게 됐는지 그 결과까지는 지금 기억나지 않는다. 썩어서 버렸거나 잘 키운 것도 있을 것이다. 그러나 며칠 동안 무럭무럭 자라던 양파 뿌리는 지금도 생생하게 기억할 수 있다. 관찰일기를 썼기 때문이다.

우리가 남자를 만날 때도 마찬가지다. 너무 빨리 남자를 판단하려 드니 문제가 생긴다. 남자가 돈 얘기를 꺼내면 이 남자는 돈에 관심이 많은 남자라고 판단해버린다. 관심 있는 분야에 대해서 물어봤는데 모른다고 하면 금방 무식한 남자라고, 또 엄마 얘기를 좀 길게 하면 마마보이라고 판단한다.

그러나 잠깐 멈추자. 우리는 관찰일기를 쓰는 마음으로 남자를 봐야 한다.

만일 첫 번째 만남에서 전의 여자친구 얘기를 잠깐 했고 주식에 관심이 많다고 장시간 얘기를 했다면? '전 여자친구를 못 잊는 거야. 나랑 사귈 마음이 없어', '주식에 관심이 많다니 돈에 집착하는 남자임에 틀림없어'라는 두 가지 판단을 해버릴 수 있다. 그러나 여기서 미리 판단할 필요는 없다. 그냥 첫 만남에서 전 여자친구 얘기와 주식 얘기를 했다고 체크만 하고 넘어가자.

두 번째 만남. 다른 여자 얘기는 안 했고 부동산 얘기를 많이 했고 가족 얘기도 잠깐 했으며 그중 엄마의 성격이 좋다는 말을 했다면? '여자친구는 잊은 걸까', '역시 돈에 집착하는 남자일 거야', '엄마 성격이 좋다는 건 마마보이란 증거 아닐까?'라고 생각할 수 있다.

하지만 이때도 마찬가지. 부동산 얘기를 했고 가족 얘기와 엄마에 대한 긍정적 얘기를 했구나 하고 체크만 해두자.

세 번째 만남. 결혼 못한 여자 동료 얘기와 엄마가 결혼하라고 성화여서 좀 힘들다는 얘기를 했고 좋은 차를 사고 싶다고 했다면? '여자를 무시하는 건 아닐까?', '역시 엄마 얘길 많이 하는 걸 보니 마마보이일 것이다', '지금 차는 놔두고 좋은 차를 사다니 낭비벽이 있는 건 아닐까?' 하고 생각할 수 있다.

자, 이렇게 세 번쯤 상황을 지켜보았다면 종합해서 바라봐도 좋다. 이때 정확히 알 수 있는 것은 전 여자친구 얘기는 한 번밖에 나오지 않았으므로 그냥 한 말일 수 있다는 것, 어머니에 대해서는 성격은 좋으나 아들의 결혼을 걱정하는 평범한 어머니라고 볼 수 있다는 것, 주식과 부동산에 대해서 관심이 많은 것 같고 다른 남자들처럼 자동차도 좋아한다는 것이다.

이렇게 관찰일기를 통해 자료를 수집해서 최종적으로 판단해야 한다. 물론 이후에 더 만날 것인가 말 것인가는 순전히 자신의 마음에 달려 있다. 다만 판단을 빨리 하는 것보다는 관찰 기간을 길게 가질수록 좋다.

우리는 관찰이 끝나기도 전에 '나 이 남자 좋아하나 봐' 혹은 '이 남자가 날 좋아해'라고 성급히 판단해버리는 경우가 많다. 관찰과 판단을 한꺼번에 해버렸기 때문이다. 좀 더 지켜본 뒤 판단해도 결코 늦지 않다.

헌신이 아닌
애교와 웃음으로 왕자를 사로잡아라 ○ ○

아무리 사랑해도
거리를 유지해

사람과 사람 사이에는 적당한 거리가 있어야 한다. 그렇다면 남자와 여자 사이의 적당한 거리는 어느 정도일까?

남자들이 여자에 대해서 느끼는 거리를 세 가지로 나누어 보자. '손에 넣을 수 없는 여자', '손에 넣을 수 있는 여자', '손에 넣은 여자'.

남자는 손에 넣을 수 없는 여자는 깨끗이 포기하는 경향이 강하다. 남자는 여자에게 다가가기 전에 자신의 입장, 여자의 입장, 주변의 상황 등 많은 것을 고려하기 때문에 상황적으로 손에 넣을 수 없는 여자에게는 더 이상 관심을 갖지 않는다.

대신 손에 넣을 수 있는 여자에게 접근한다. 그리고 갖은 노력 끝에 손에 넣었다고 생각하면 잊고 만다. 잊는다는 것은 진짜로 잊는다기보다는 너무 가까운 나머지 더 이상 신경을 쓰지 않아도 괜찮다고 생각하는 것으로 이해하면 된다. 따라서 여자는 남자에게 '손에 넣을 수 있는' 거리를 유지해야 한다. 손에 넣은 거리가 되었다고 하더라도 다시 멀어져서 다시 손에 넣을 수 있는 거리가 되면 당신을 잊었던 남자는 다시 당신을 떠올리게 된다. '요즘 좀 멀어진 거 같다'라고 인식해야 관심이 살아나는 것이다.

이 거리 조절은 애인에게만 해당되는 것이 아니다. 다른 관계에서도 마찬가지다. 처음 만난 사람, 지인, 친한 사람 등에 따라 적당한 거리를 유지해야 한다. 처음 만난 사람에게 너무 개인적인 이야기를 꺼내 무리하게 거리를 좁히려다 보면 아무래도 어색해진다. 일로 아는 사이라면 업무 얘기를 주로 하고 친구의 친구라면 친구에 대한 얘기 정도만 해두자. 혹시 이렇게 거리를 유지하는 것이 사람들과 가까워지는 것을 방해하지는 않을까 걱정할 필요는 없다. 사람의 거리는 조금씩 자연스럽게 좁혀지는 것이기 때문이다.

남자와의 거리도 본인이 생각한 것보다 급하게 가까워진다고 생각하면 자연스럽게 여겨질 정도로 조절해야 한다. 아무리 남자가 잘생겼고 능력이 있다고 해도 당신이 생각한 것보다 가까워지는 속도가 빠르다면 손에 넣을 수 있는 거리 정도만 유지하도록 하자.

거리 조절의 가장 좋은 방법은 '용건만 간단히!'다.

업무적으로 만나는 사람과의 용건은 일이다. 그럼 일에 대해서만 얘기하면 된다. 구구절절 주말에 뭘 했는지 얘기할 필요가 없다. 가족에게도 마찬가지다. 오늘은 회식이 있어서 늦을 것 같다든지 어머니 생신에는 다 함께 모이자는 연락 정도면 충분하다. 당연히 애인에게도 마찬가지다. 이번 주말엔 어디에서 만날지, 무엇을 할지 정도만 전화로 간단히 얘기하면 된다. 오늘은 기분이 우울하다든가 혹은 전화를 받는 태도에서 애정이 느껴지지 않는다든가 하는 말은 굳이 할 필요가 없다.

너무 살벌하다고? 그럼 어떻게 대화를 이어가냐고? '용건만 간단히'는 당신의 입장일 뿐, 나머지 시간에는 상대의 이야기를 들어주기만 하면 된다. 본인이 얘기할 때는 '용건 중심'으로 말하고 남의 얘기는 무조건 열심히 들어주자. 거리 조절은 저절로 된다.

헌신이 아닌
애교와 웃음으로 왕자를 사로잡아라   ○ ○

SNS에서도
이미지 관리는 필요해

　　　　　　　　인터넷이 생겨나면서 다른 사람들과 관계를 맺는 방법이 바뀌었고 연애에도 지대한 영향을 주었다. 그 중에서는 인터넷에 타인과 교류하는 SNS는 순기능도 있지만 많은 역기능들이 문제가 되고 있다.

　　연애를 잘하기 위해서는 SNS를 어떻게 관리할 것인가? 꼭 연애를 위해서가 아니라 SNS 자체를 좀 현명하게 사용하는 방법은 없을까?

　　'인터넷에도 내가 있다'라는 것을 명심하자. 어떤 사람들은 SNS가 현실과 다른 세계이고 현실에서 못하는 것들을 할 수 있는 공간이라고 생각하는 것 같다. 물론 저음 인터넷이 보급될 때는 그런 생각을 가진 사람이 많았고 또 그 점이 인터넷을 이용하는 이유가 되기도 했지만 이제는 인터넷은 현실 생활의 일부분이 되어버렸다.

특히 SNS는 친구들과 의사소통을 하기도 하고, 연애를 하기도 하고, 취업에 이용하기도 하고, 돈 벌이를 하는 사람도 있다. 이런 상황에서 의식 없이 SNS를 이용하게 되면 언젠가 곤란하거나 어려운 문제에 부딪힐 수도 있다.

이제는 인터넷에서 나를 대변하는 수단이 되어버린 SNS, 어떻게 관리하는 것이 현명할까?

첫째, 사진 관리를 신경 쓴다.

전에 다른 글에서도 연애를 하려면 '사진'이 중요함을 강조했다. 자신의 가장 좋은 이미지의 사진을 늘 갖고 있고 그 사진을 노출하라고. 그런데 SNS에서 사진의 의미는 그것보다 좀 더 광범위하다. SNS에서 가장 공해 같은 사진이 '애 사진'이란 말도 있다. 나도 경험한 적이 있는데 카카오스토리에 하루에도 열두 번씩 올라오는 애 사진은 아무리 친한 친구라 해도 보는 것만으로도 스트레스가 되었다.

일명 '허세 사진'도 있다. 실제 생활과 상관 없이 좋은 곳, 맛있는 것, 좋은 물건 들을 찍어 올리는 사진도 그다지 좋은 이미지는 아니다. 사진을 올리는 기준은 '누가 봐도 거부감 없는 사진'이어야 한다고 생각한다. 누군가는 그렇게 말할지 모른다.

어차피 친한 사람들하고 하는 SNS인데 사진도 내 맘대로 못 올리느냐고? 사진이 중요한 이유는 사람들이 글을 안 읽고 '사진'만 보는 경우가 많기 때문이다. 그래서 사진 하나로 자신의 이미지는 쉽게 결정되어버린다.

사진으로 시시콜콜 자신의 생활을 남에게 알리는 것도 그다지 좋아 보이지는 않는다. 사생활은 정말 자신과 친한 사람과 공유하면 되는 것이다. 누가 볼지 모르는 불특정 다수에게 노출할 필요는 없다. 본인은 친구만 볼 수 있게 했다고 하더라도 그 친구를 통해 다른 사람이 볼 수도 있다. SNS를 자신의 핸드폰 사진 폴더와 일치할 필요는 없다. 상대방을 고려한 사진을 올리자.

둘째, 감정일기를 쓰지 않는다.

SNS에 올리는 글들은 분명 자신의 자유이다. 우울한 글을 올리든 즐거운 글을 올리든 마음대로 올릴 수 있다. 그러나 보고 있는 사람은?

카톡의 대화명을 보면 지나치게 자주 자신의 감정 상태를 바꾸는 사람들이 있다. 하트의 이모티콘이 붙어 있다가 어느 순간 힘든 하루를 보낸다는 글로 바뀌어 있다. 페이스북이나 트위터도 마찬가지다. 밤사이 우울한 글을 잔뜩 써놓고 아침이 되어서는 기운내서 출근한다고 쓴다. 왜 이렇게 자신의 감정 변화를 고스란히 SNS 상에 드러내는 것일까? 일기는 일기장에, SNS는 말 그대로 사회적인 자신의 상태를 고려해서 쓰도록 한다.

셋째, 타인에 대한 언급을 조심한다.

　내 사진을 내가 올리고 내 얘기를 하는 것은 그리 위험성이 없을 수도 있지만 타인을 언급하는 것은 조심해야 한다. 간혹 SNS에 남자친구나 상사에 대한 얘기를 쓰는 사람들이 있는데 좋은 의미든 나쁜 의미든 당사자가 그 글을 볼 때 어떤 기분이 들까? 괜한 오해의 소지가 될 수도 있다. 그러니 타인에 대한 언급은 조심하자. 그리고 타인과 찍은 사진을 올릴 때도 본인 사진을 올릴 때보다 신중하게 올리자.
　SNS 초기에는 신이 나서 커플 사진을 올렸다가 헤어진 후 삭제하거나 계정을 삭제하는 일이 많았다. 그런 경험을 가진 사람은 애인의 사진을 올리는 일에 신중하게 대처하는 것 같다. 타인에 대한 언급, 타인의 사진을 올릴 때는 백 번 생각하고 쓰고 올려라. 그렇게 올려도 간혹 문제가 될 때가 있다.

넷째, 온라인에서만 관계를 맺지 말자.

　SNS가 활성화되면서 SNS를 통해 새로운 사람을 만나는 일은 비일비재해졌다. 꼭 이성이 아니더라도 같은 동성이라도 SNS에서 만나서 친해지는 경우도 생긴다. 그런데 SNS에서 사람을 만나는 것 자체가 위험하기보다는 실제로 만난 적이 없이 SNS에서만 절친이 되는 경우가 위험하다. 위험하다는 표현은 범죄를 떠올리며 하는 말이 아니라 관계에 대한 얘기다.

　사람은 실제로 만나서 실제 그 사람과 관계를 가져야 한다. 그러지 않고 SNS로만 친구가 될 수 없다. 그리고 SNS는 현실의 관계에서 보조 수단으로 쓰여야 한다고 생각한다. 때로는 현실에서 친구나 애인은 없으면서 SNS에서 애인을 만들거나 친구를 만드는 경우도 본다. 만나지도 않으며 SNS만 하는 사람은 결코 애정도 우정도 공유할 수 없다. SNS를 통해서 만났더라도 반드시 현실에서 만나 관계를 갖도록 하자. 그러지 않고는 진짜 사람과 교류하는 방법을 점차 잊어버릴지도 모른다.

　다섯째, 자신 없으면 SNS를 사용하지 마라.
　나도 미니홈피, 카카오스토리, 페이스북, 트위터를 처음에는 사용했다. 그런데 그런 SNS를 쓰고 있는 내 자신을 냉정하게 생각해봤는데 SNS를 하면서 즐겁기보다 스트레스를 받거나 불쾌한 감정이 드는 때가 많았다. 미니홈피 방명록에 스팸글이 많아져서 지우고 신고하는 일도 짜증이 났고, 카카오스토리에는 너무 사진이 자주 올라오는 느낌이라 귀찮았다. 페이스북에는 옛날 심심풀이 남사가 언결되어 볼 때마다 기문 나빠졌고, 트위터는 짧은 글에 기분이 오락가락하는 내 모습이 싫었다.

그래서 어느 날 과감히 다 지우고 탈퇴를 했다. 막상 그렇게 했음에도 나의 인간관계는 변한 것이 없었고 SNS로 뺏기는 시간이 없어졌고 당연히 스트레스도 줄었다. SNS를 끊는 것이 사람과의 관계를 끊는 것이라고 생각할지 모르나 SNS를 끊음으로써 진정한 사람과의 관계를 알게 될 수도 있다.

SNS로 10시간 얘기하는 것보다 직접 만나서 10분 얘기하는 것이 더 잘 통하고 그 사람에 대해서 잘 알게 되는 방법이다. 괜히 SNS에 시간 쓰고, 신경 쓰며 불쾌해하고, 스트레스 받지 말았으면 좋겠다. SNS도 필수가 아닌 선택이라고 생각하자.

우리는 현실의 내 모습을 꾸준히 관리한다. 헤어스타일을 관리하려고 미장원에 가고 조금 더 예뻐 보이기 위해 옷을 입고 또 사람들에게 상처주지 않으려고 말 조심을 한다. 이렇게 현실적인 모습을 관리하는 것처럼 자신의 인터넷 즉, SNS에서의 모습도 관리하는 것을 잊지 말자.

어느 쉬운 여자의 편지

당신을 처음 만난 순간, 말 그대로 내 심장이 뛰었어. 혹시나 내 심장 소리가 당신에게 들키지 않을까 두려울 정도로.

모든 게 완벽했지. 너무 작지도 크지도 않은 키에 다부진 몸매, 그리고 웃을 때마다 떨리는 당신의 눈동자가 멋있었어.

그런 나에게 당신은 지금까지 만난 여자 중에 가장 '편안한 여자'라고 해주었지. 다른 여자들은 대부분 자신을 숨기고 힘들게만 하는데 나는 솔직해서 좋다고. 나는 그 말에 뛸 듯이 기뻐서 당신에게 나의 더 많은 모습을 보여주고 싶었지.

그렇게 헤어진 후 당신은 나에게 매일 아침 문자를 보내줬고, 또 매일 밤 통화도 했지. 당신은 어린 시절 어렵게 살았다며 힘겨웠던 추억을 얘기해줬어.

그런 당신이 날 정말 편하게 대하고 있구나 싶어서 나도 스스럼없이 내 얘기를 했지. 얘기를 하다 보니 전 남자친구의 이야기도 하게 되었어. 당신은 같이 '나쁜 놈'이라고 욕을 해줬어. 그리고 이렇게 착한 여자를 버리는 남자라면 벌 받을 거라고 했지. 그렇게 나의 과거까지도 보듬어주는 당신의 배려에 난 빠져들었어.

우리는 일주일 만에 또 만났어. 영화를 보고 술을 마시다 보니 어느새 자정이 넘었고 당신은 나에게 함께 있고 싶다고 했어.

나는 많이 망설였어. 그래서 솔직히 말했어. 이제야 두 번 만난 남자와 함께 밤을 보낼 수는 없다고. 그랬더니 당신은, 두 번 만났지만 그동안 우리의 대화는 충분했고 우리의 마음은 이미 연인이나 다름없다고 말했지.

그 말에 나는 기뻤지만 그 한마디에 무너질 수는 없었어.

"그러면 우리 다음에 또 만나요"라고 말했지. 그렇지만 당신은 슬픈 눈으로 이렇게 말했어.

"다음 주엔 출장을 갈 것 같아. 못 만날지도 몰라서 그래. 그냥 오늘 밤 같이만 있어주면 안 돼?"

당신의 그 안타까운 마음이 전해져왔어. 정말로 날 못 만나서 안타까운 그 마음이. 다음 주엔 당신을 못 만날 거란 생각에 내 마음도 안타까웠지.

나는 어느새 당신의 손이 내 어깨를 감싸는 것을 느끼며 당신의 뜻에 따르기로 했어. 내게 너무 완벽한 남자니까, 한시라도 떨어져 있고 싶지 않으니까. 게다가 다음 주엔 못 만나니까.

우리가 함께 있어야 할 이유는 완벽했어.

그날 밤, 나는 몇 번의 거부를 했지만 결국 우리는 하나가 되었지. 어차피 처음도 아닌 내가 사랑하는 남자 앞에서 모질게 버티는 것도 웃기는 일이 아닌가 싶었어.

벅찬 희열에 당신은 나에게 고맙다고 했던가? 그리고 아침에 당신은 나에게 해장국을 사주며 귀엽다고도 했지. 사랑한다는 말을 들은 것도 같았어. 내 기억이 맞다면······.

그리고 당신은 내가 보낸 문자에 출장 준비 때문에 바쁘다며 간단히 답을 했지. 난 당신을 방해하고 싶지 않았어. 그래서 연락을 기다려보자 생각하고 다른 것에 집중해보려고 했지.

그리고 당신이 출장을 가는 날, 먼저 문자라도 보낼 줄 알았는데 아무 연락도 없기에 내가 먼저 출장 잘 다녀오라고 메시지를 보냈지. 이미 출장을 떠났는지 답은 없었어.

보름쯤 지나서야 당신은 출장 잘 다녀왔다며 만날 수 있느냐고 연락을 했어. 나는 당장 당신이 너무 보고 싶어서 뛰어나갔지.

당신은 출장을 다녀와서 약간 수척해 보이기는 했지만 여전히 멋있었어. 같이 저녁을 먹고 또 술을 마시고 열두 시가 지나자 당신은 나의 손을 붙잡고 가까운 모텔로 향했어.

나는 아무런 저항도 없이 당신과 하나가 되었지. 그동안 너무 보고 싶었고 또 내게 해주었던 당신의 달콤한 말들이 살아가는 힘이 되었으니까. 그리고 나로 인해 당신이 기뻐한다면 난 그 무엇도 할 수 있다고 생각했지.

아침이 되자 당신은 여전히 기분 좋은 얼굴로 해장국을 사주었고 그렇게 우린 헤어졌지.

두 번째 만남 이후 나는 당신을 더 좋아하게 되었고 당신도 나와 같은 생각일 거라고 믿었어. 그런데 또 일 때문에 바쁘다는 당신. 나는 그런 당신에게 힘내라고 문자를 보내고 또 기다렸지. 다른 남자를 만나는 건 당신을 향한 배신 행위라고 생각했어.

그렇게 한 달이 지나자 당신에게서 연락이 왔어. 많이 힘들고, 보고 싶다고. 그 시간은 밤 열 시. 얼마나 다급하면 이 시간에 나에게 전화를 했을까 싶어서 당장 뛰어나갔지.

술 한잔 하고 싶다고, 그러고는 나와 함께 있고 싶은데 형편이 안 좋다고 했지. 나도 현금은 없었지만 카드를 쓰면 된다고 생각해서 당신과 함께 세 번째 밤을 보냈어. 삶에 지친 당신을 나는 위로해주고 싶었거든.

그리고 우리에게는 서로가 함께할 미래가 기다리고 있을 거라고 믿었어. 내가 이렇게 노력하는 만큼 우리의 사랑도 깊어질 것이라고.

그런데 요즘, 왜 자꾸 날 피하는지 모르겠어. 나는 당신을 만날 날만 기다리고 있는데…….

세 번째 만남 이후에 우리가 좀 더 가까워졌다고 생각했는데. 문자를 보내도 별다른 대답도 없어. 메신저에서 만나도 간단한 답만 하고…….

난 당신의 말 한마디에 기뻐하고 당신이 만나자고 하면 언제나 달려나가고 당신이 하고 싶다고 하면 응해줬던 '쉬운 여자'였던 거야? 그런 거냐고? 대답해봐! 응?

철벽녀는 어떻게 변화하였는가?

단아의 체험기

철벽을 깨고 현실적인 남자의 조건을 인정하게 되었다

저는 철벽녀였습니다. 연애에 관심 없이 그냥 열심히 일만 하면서 살았습니다. 그러다 문득 새로 옮긴 직장에 노처녀들이 많은 걸 보고 깜짝 놀랐습니다. 저도 그들 중에 하나구나 싶어 불안해졌고 그 무리에 속하는 것이 괜히 싫었습니다. 그래서 결혼정보회사에 가입해 몇 명 만나보고 결혼하면 될 줄 알았습니다.

겨우 30대 중반이 되어 결혼정보회사에서 소개시켜준 남자와 5개월 정도 만났습니다. 이때는 결혼하고 싶은 맘이 아주 굴뚝 같았습니다.

남자는 고등학교 선생님이었지만 상식적으로 이해할 수 없는 말과 행동을 많이 했습니다. 예를 들면 제가 영화가 재미없다고 하거나 밥을 먼저 빨리 먹으면 삐치고 자존심 상하는 폭언을 일삼았습니다. 만남 5개월 동안 집에 바래다 준 적은 제가 겨우 졸라서 한 번뿐이었고 차가 있으면서도 추운 겨울에 뚜벅이로 만났습니다.

제가 영화를 예매하고도 약속을 영화 시작 시간으로 잡았다고 꾸중을 들었고, 3개월째부터는 주말에 자꾸 경조사를 핑계로 만남을 하지 않길래 제가 직접 예식장에 알아보아 거짓말임을 확인하기도 했습니다. 데이트를 해도 찝찝하고 서운한 마음이 커져만 갔고, 결정적으로 전화로 싸우다가 중간에 전화가 끊겼는데 그 후로 아무런 연락도 없었습니다.

아무래도 이상했습니다. 연애가 즐거워야 하는데 이렇게 힘들게 연애라면 다른 사람들은 이런 힘든 연애를 다 참아가며 어떻게 결혼을 하는 걸까 하는 의문을 가지기 시작했어요. 고민을 거듭하다가 우연히 '인어공주는 왜 결혼하지 못했을까' 인터넷 카페를 알게 되었고 책도 읽었습니다. 그렇게 제 연애 스타일도 반성하고 결혼시장에서 제 위치와 제가 만날 수 있는 남자의 현실적인 조건도 인정하게 되었습니다.

전에는 결혼에 눈이 멀어 직업, 외모가 괜찮으니 빨리 만나 결혼하겠다는 맘으로 남자의 행동을 잘 관찰하지 못하고 상대에 대한 기대치만 키웠다면, 인공카('인어공주는 왜 결혼하지 못했을까' 카페의 줄임말)를 접한 후에는 오히려 결혼에 집착하지 않고 나를 아껴주는 일반남을 먼저 만나야겠다는 생각으로 온·오프라인을 총동원해서 만남의 기회를 넓히는 데 집중했습니다. 남자의 말보다 행동을 매의 눈으로 관찰하면서 스킨십도 브레이크를 걸며 제가 수용할 수 있는 남자의 범위를 경험으로 터득하고 있습니다.

새롭게 시작의 체험기

다가가기 힘든 여자에서
같이 있으면 기분이 좋아지는 여자로!

'난 왜 늘 이런 남자만 만나는 걸까?'
'하나같이 남자들은 다 똑같아.'

첫사랑과 헤어질 때나 7년간의 삽질 연애가 엉망진창으로 끝났을 때가 생각납니다. 제 연애는 언제나 그렇듯 깊은 탄식을 내뱉으며 끝이 났습니다.

아낌없이 주는 것이 사랑이라 믿었던 저에게 헌신하면 헌신짝이 되고, 남자에게 먼저 연락하지 말라는 피오나 님의 연애지침이 어쩜 그렇게 구구절절 마음에 콕콕 와 닿던지. 그때의 흥분과 전율은 잊을 수가 없습니다.

그때까지 저는 이상적인 사랑을 위해 노력을 다했는데 그런 저에게 상처를 준 남자들이 나쁜 거라 믿었어요. 그러나 피오나 님은 건강한 연애를 하기 위해서는 나부터 변해야 한다고 말했습니다.

무표정한 얼굴로 사람을 경계하며 쌀쌀맞게 대하던 저를 버리고 하루를 시작할 때 웃고, 감사하다는 말을 항상 입에 달고 살려고 노력했습니다. 그야말로 닥치고 웃었어요! 그러자 제 삶이 변하기 시작했습니다.

예전에는 '도도하고 다가가기가 힘든 여자 같다'라는 피드백을 받았는데 이제는 '참 밝고 명랑한 사람이다, 같이 있으면 기분이 좋아진다'라는 말을 듣고 있어요. 하지만 무엇보다 나를 사랑하게 됐다는 것이 가장 놀라운 변화예요.

닥치고 웃으니 긍정적인 사람이 되고 행복해졌습니다. 지금 행복하니 진짜 나를 사랑하는 남자와 아닌 남자를 분별하는 눈이 더 확실히 생겼고요. 남자의 달콤한 말보다는 진심으로 나를 사랑해주는 행동을 하는 남자와의 행복한 결혼을 꿈꾸게 됩니다.

'인어공주는 왜 결혼하지 못했을까' 인터넷 카페와 피오나 님 덕분에 이제 분명히 알게 됐습니다. 모든 것은 나로부터 시작된다는 것을. 행복하기 위해 나를 사랑하고 나를 사랑하기 위해서는 나를 위한 행동을 해야 한다는 것을 말이죠!

인어공주
구제
프로젝트

대화
...
3

침묵으로
왕자를 움직여라

침묵으로 왕자를 움직여라   ㅇㅇㅇ

데이트가
편해지는 대화법

여자들이 흔히 잘하는 말이 있다. "이 남자랑은 대화가 통해", "이 남자랑은 대화가 안 통해", "남자친구랑 대화에 문제가 있어", "남자친구랑 대화하다 싸웠어" 등등. 모두 대화에 대한 이야기다. 도대체 통하는 대화는 뭐고 안 통하는 대화는 또 뭐란 말인가?

남자와 여자의 대화법이 다르다는 건 이제 누구든 아는 얘기다. 다르다는 건 알겠는데, 그렇다면 대체 어떻게 대화해야 하는 걸까?

첫째, 첫 만남에서 개인사를 화제로 꺼내지 말 것.
여자에게는 대화의 단계가 있어서 친해졌다고 생각하면

'개인사'를 말해도 괜찮다고 여긴다. 개인사를 공유한다는 것이 서로가 친해진 증거라고 믿어 의심치 않는다. 게다가 이성에게는 동성의 다른 친구들에게보다 더 빠르게 많은 이야기를 하려는 경향도 있다. 십년지기 친구에게도 제대로 말 못한 일을 고작 세 번 만난 남자에게 털어놓고는 친해졌다고 생각한다.

사람이 친해지는 데 필요한 것이 대화가 전부는 아니다. 없던 인연이 대화로 맺어지는 것도 아니다. 오히려 잘못된 대화가 사람의 관계를 망치는 경우가 더 많다. 그러니 처음 만난 사람과는 누가 얘기해도, 누가 들어도 상관없는 가벼운 이야기로 분위기를 좋게 이어가기만 하면 된다. 특히 과거의 남자친구 얘기, 최근 실연 얘기, 그리고 집안의 어려운 얘기 등은 피하자.

대화로 개성을 드러내려고 이것저것 심각하게 얘기할 필요도 없다. 우리의 개성은 외모부터 대화, 분위기 전부에 묻어나 있다. 대화가 승부수가 된다고 생각하면 오산. '이 사람 괜찮은데, 한 번 더 만나볼까?'라는 생각을 줄 정도의 이미지면 충분하다.

구체적인 대화의 내용이 중요한 게 아니다. 어떤 대화에 어떻게 반응하는지 그 태도가 더 중요하다. 오히려 남자가 당신의 개인사를 묻는다면 정말 그것이 궁금해서가 아니라 그저 화제가 필요했거나, 나아가서는 당신의 마음을 녹여 빠른 섹스로 결론지으려는 목적이 있을 가능성이 더 높다.

둘째, 아무리 많이 해도 괜찮아. '좋아한다'는 말!

남자에게 좋아한다고 말하라는 뜻이 아니다. 자신이 좋아하는 것을 표현하라는 얘기다. 예를 들어 길을 걷다가 팥빙수 가게를 발견했다면, "어머, 나 팥빙수 좋아하는데"라고 말해보자. 조금 한적한 곳으로 산책을 할 때 장미꽃을 발견하면 "나 장미꽃 참 좋아하는데"라고 말하고, 남자가 당신이 좋아하는 하늘색 셔츠를 입었다면 "어머, 난 하늘색 좋아하는데"라고 말하는 것이다. 싫어하는 것만 콕 집어 싫다는 표현을 하는 것보다 좋아한다는 표현을 많이 하는 것이 더 긍정적이고 따뜻한 사람으로 보이게 한다.

셋째, 공감해줄 것, 잔소리하지 말 것!

당신이 말을 많이 하지 않는다면 당연히 남자가 먼저 화제를 꺼내고 말도 많이 할 것이다. 주의할 것은 그런 말에 대고 평가나 분석을 내려서는 안 된다는 것이다. 남자가 "오늘 회사에서 상사한테 깨졌어"라고 말했을 때 바로 "자기가 뭘 잘못했겠지", "자기 성격이 너무 매몰차서 그런 거 아닐까?"라는 식으로 말하지 말자. 당신은 남자친구를 돕는다는 명목 하에 비판을 하고 있는지도 모른다.

이럴 땐 그저 "기분 나쁘겠다. 저녁 맛있는 거 먹고 풀어" 정도로 답하면 된다. 위로해주거나 대책을 세워줄 필요가 없다.

잔소리도 마찬가지. "담배 좀 그만 피워! 건강에 나빠", "술 먹고 늦게 다니는 거 싫어" 이런 말을 한다는 건 애인이 아니라 엄마가 되겠다는 소리다. 남자의 습관들이 싫을 땐 가볍게 딱 한마디만 하자.

"담배 연기가 싫어."

"술 많이 먹는 남자는 별론데."

한 번이면 충분하다. 그리고 바뀌기를 기다리면 된다. 당신을 좋아한다면 당신의 한마디에도 바뀌지만 당신이 잔소리를 한다면 평생 잔소리를 해도 안 바뀐다. 나그네의 외투를 벗기는 것은 억지로 코트를 뺏으려는 바람이 아니라 점점 따뜻하게 해서 스스로 옷을 벗게 만드는 태양이라는 사실을 기억하자.

넷째, 부탁은 간단명료하게!

받는 것에 익숙하지 못한 여자들이 꽤 많다. 부탁하는 것 자체를 무능력하거나 여린 척하는 것이라 생각하기도 한다. 그러나 남자에게 무엇을 부탁한다는 것은 남자가 사랑하는 여자에게 해줄 수 있는 일이 있다는 걸 알려주는 기회다.

받는 것에 익숙해지려면 부탁도 할 줄 알아야 한다. 부탁을 명령으로 생각해선 절대 안 된다. 그 남자의 존재를 필요로 한다는 의미로 부탁을 하는 것이다.

부탁에도 여러 가지가 있다. "나 다음 주에 이사하는데 도와줘"라는 큰 부탁도 있고 "더운데 팥빙수 사줘"라는 작은 부탁도 있다. 당신을 좋아하는 남자라면 이 말을 듣고 절대로 기분 나빠하거나 귀찮아하지 않는다.

오히려 그 말을 듣자마자 이삿짐센터를 알아보고 이사를 마친 뒤 먹을 음식까지 생각하고 있을지 모른다. 혹은 어떤 팥빙수를 좋아할지 고민할지도. 그것이 좋아하는 여자를 향한 남자의 기쁨이다. 중요한 것은 부탁을 하는 당신의 태도다. 여자들이 흔히 실수하는 것이 오히려 간단명료하게 부탁하면 될 것을 어렵게 하는 것이다.

팥빙수를 먹고 싶다고 "오늘 회사에서 힘든 일도 있었고, 날씨도 덥고, 올해 한 번도 못 먹어봤는데 팥빙수 좀 사줘"라고 말하는 것도 마찬가지. 이렇게 장황하게 말하는 건 오히려 역효과를 부른다는 것을 아는지? 이것저것 이유를 갖다 붙이면 부탁이 아니라 명령으로 느껴진다. 남자친구가 당신에게 팥빙수를 사주는 건 당신을 좋아하기 때문이다. 회사에서 힘들고 날씨도 덥고 올해 한 번도 팥빙수를 못 먹은 여자이기 때문에 사주는 게 아니다.

부탁은 간단명료하고 자연스럽게 하자. 배가 고프면 "자장면 사줘", 피곤하면 "집에 일찍 데려다줘"라고 말하기만 하면 된다. 그러면 남자친구는 당신의 부탁을 전부 들어주는 아주 상냥한 애인으로 재탄생할 것이다.

침묵으로 왕자를 움직여라

매력적인 이미지를
만드는 대화법

첫째, 긍정적으로 대화할 것.

긍정적으로 대화하라. 부정적인 대화를 자주 하면 남자가 당신을 떠올릴 때 부정적인 이미지를 함께 떠올리게 된다. 음식점에서 종업원의 서비스가 좋지 않았을 때 남자가 먼저 "종업원이 짜증나게 하네. 그렇죠?"라고 해도 "그래도 분위기는 좋았어요. 음식도 맛있었고"라고 긍정적으로 말하자.

싫어하는 것보다 좋아하는 것을 말해야 하는 이유도 마찬가지다.

"전 당근을 싫어해요"보다는 "전 오이를 좋아해요"라는 식으로 이야기를 하는 편이 낫다. 우울하고 부정적인 얘기를 해봤자 자신의 이미지만 나빠진다.

둘째, 이야기를 많이 들어줄 것.

당신이 지금 만나는 남자가 홀로 무대 위에 서 있는 배우라고 생각해보자. 당신은 관객이다. 남자는 혼자서 대본을 준비했을 것이고 중간중간 관객의 반응을 보면서 임기응변도 할 것이다. 그리고 공연이 끝났을 때 박수를 받으면 기쁠 것이다. 이야기를 들어주라는 것은 이런 원리다.

당신은 그 남자와 대등한 연기자나 코미디 콤비가 아니라 관객이다. 남자가 열심히 연기를 하고 웃기려 할 때 훌륭한 관객의 역할을 하는 것이다. 그가 노력하는 것을 느끼고 웃길 때 웃어주고 감동적인 말을 할 때 박수를 쳐주면 된다. 그가 중간에 대사를 까먹거나 혹은 화제를 못 찾았다고 해서 당신이 대신 무대로 올라가주는 것이 아니라 기다려주는 것이다. 남자가 실수했을 때 가장 좋은 방법은 실수를 모른 척하고 그가 다시 연기를 시작했을 때 반응을 보이는 것이다. 남자는 당신이 그 무대 위로 올라와주기를 바라는 것이 아니라 자신의 연기를 극찬하는 관객이 되길 바란다.

셋째, 일반적인 이야깃거리를 가지고 대화할 것.

여자들은 대화에 능숙하다. 오죽하면 수다로 스트레스 해소를 하겠는가. 게다가 그 대화는 대부분 감도 높은 센스로 이루어진다. 대화를 하며 웃고 떠들고 심지어 밤을 새우기도 한다. 그러나 남자들은 다르다. 남자들에게 대화는 그 자체로 즐길 수 있는 것이 아니라 어떤 목적 하에 이루어지는 것이다. 일을 위해서 회의를 한다든가, 친구들과 놀러 가기 위해 의견을 나눈다든가 하는 식이다.

여자들은 대화의 범위도 자유자재로 넘나든다. 할리우드 영화 얘기를 하다가 안젤리나 졸리의 입술로 화제를 옮기고 다시 화장품 이야기로 흘러간다. 그러나 남자들과의 대화는 넓고 얇게 진행하는 것이 좋다. 영화 얘기라면 가볍게 최신 영화 몇 편 정도의 얘기면 족하다. 중요한 건 이런 남자들이 자신이 좋아하는 여자와 조금이라도 대화를 해보려고 노력한다는 사실이다.

남자가 대화에 응하는 걸 보고 반색해서 자신의 센스를 마구 노출하는 대화를 시도한다면 십중팔구 분위기만 어색해진다. 남자들은 한 번 꼬거나 직접적으로 말하지 않는 대화에 익숙하지 않기 때문이다. 괜히 센스를 발휘한답시고 은유적으로 이야기하거나 이것저것 소재를 넘나들면 남자와의 대화를 이어가기 힘들다. 일반적인 소재로 대화를 하고 일반적인 반응을 보여주는 것이 훨씬 위험 부담이 적다.

넷째, 감정에 대한 대화를 먼저 꺼내지 말 것.

남자와의 관계를 어색하게 만들거나 망지는 대화가 여자 쪽에서 먼저 나온다는 것을 아는가?

"우리 사이를 어떻게 생각해?"

"난 너한테 뭐야?"

"앞으로 내가 어떻게 해줬으면 좋겠어?"

"확실하지 않은 만남은 시작하고 싶지 않아요."

당신이 이런 이야길 먼저 꺼내는 순간 지금까지 잘 지내던 관계가 어색해지고 심지어 악화될 것이다. 그러나 거꾸로 남자가 이런 얘길 먼저 꺼냈다면 아주 좋은 신호다. 남자의 감정이 그만큼 앞서가고 있다는 뜻이니까.

절대로 먼저 이런 감정적인 대화를 꺼내지 않아야 하는 데는 몇 가지 이유가 있다. 우선 남자들은 추상적이고 감정을 표현하는 대화에 굉장히 서투르다. 차라리 "우리 다음에 뭐 먹으러 갈까?" 이런 실질적인 대화가 훨씬 낫다. 게다가 당신이 아무리 가볍게 한 얘기더라도 감정을 설명하는 말은 남자에게 부담을 줄 수 있다. 남자의 대답이 시원치 않으면 당신도 불안해지긴 마찬가지.

남자가 먼저 감정에 대한 대화를 꺼낼 때까지 기다리자. 아무리 무뚝뚝하고 표현이 서툰 남자라도 좋아하는 여자 앞에서는 어떻게든 감정 이야기를 꺼내게 마련이다. 굳이 먼저 나서서 관계를 망치는 일은 하지 않길.

침묵으로 왕자를 움직여라

○ ○ ○

남자에게 다시 공을 던져라

가끔 대화를 하다 보면 대화 하나하나에 책임감이 엄청난 사람들을 보게 된다. 자신에게 누군가 무언가를 물어봤다면 꼭 결론을 내리고 대답을 해야 한다고 생각하는 것 같다.

예를 들어 남자가 물었다.

"이번 주 토요일 오후 2시에 만날 수 있을까요?"

그럴 때 마침 토요일 오후 3시에 다른 약속이 있다. 그러면 처음 만나는 사람에게 시간을 조절해달라는 건 예의에 어긋나니 못 만난다고 해야겠다. 이렇게 결론을 내려버리고 "그날은 선약이 있어서 *힘들 것 같아요*"라고 말한다.

문제가 될 것이 전혀 없어 보이는 이 대화의 문제는 무엇일까?

남자에게 공을 받아서 다시 던진 것이 아니라 자기가 받은 채로 끝내버린 것이다. 그러면 남자는 다시 물어야 한다.

"그럼 일요일엔 시간 괜찮으신가요?"

그 말을 듣고 보니 일요일에는 가족모임이 있다. 가족 모임은 점심 때니까 저녁에는 시간이 있을지도 모르지만 처음 만나는 남자에게 먼저 시간을 제안한다는 게 어렵다. 그래서 이렇게 대답한다.

"일요일엔 가족모임이 있어서 힘들 것 같아요."

이것도 다시 남자가 공을 던졌는데 받은 채로만 있는 것이다. 그렇다면 남자는 어떤 생각이 들까? 대답한 것만 듣고 해석하면 토요일, 일요일 다 만날 수 없으니 나랑 만날 생각이 없는 여자로 생각할 수 있다.

그렇다면 다시 남자에게 공을 던진다는 것은 무엇일까? 내가 결론 내리고 판단해서 알려주는 것이 아니라 다시 한 번 남자에게 생각할 기회를 주는 것이다.

남자가 묻는다.

"이번 주 토요일 오후 2시에 만날 수 있을까요?"

여기서 어떤 판단도 하지 않고 자신의 상황만 전달한다.

"아, 제가 그날 3시에 약속이 있는데요."

그러면 남자가 할 말이 여러 가지가 있을 것이다.

"아, 그러면 1시에 만날까요?"라고 되묻거나 "저도 저녁 약속이 있는데 일요일은 어떨까요?"

"혹시 3시 약속이 늦게 끝나나요?"

만약에 남자가 못 알아들으면 어떻게 할지 걱정된다고 생각할지도 모르겠다. 그럼 다음 대화를 보면 알 수 있을 것이다.

"이번 주 토요일 오후 2시에 만날 수 있을까요?"

"아, 제가 그날 3시에 약속이 있는데요."

이렇게 대답했는데 남자가 눈치 없이 다시 물었다고 하자.

"아, 그럼 만날 수 없단 뜻인가요?"

그러면 이때 대답해도 늦지 않다.

"아, 그런 뜻은 아니고 시간을 좀 조정했으면 해서요."

이렇게 상대방에게 공을 던졌다가 다시 받고 말해도 늦지 않다. 심지어 이런 게 자연스러운 대화이고 상의이고 스케줄 조절이다.

직장에서도 마찬가지다. 오늘은 일이 있어서 칼퇴를 해야 할 것 같은데 퇴근 10분 전인데 상사의 눈치가 보인다. 먼저 간다고 말하자니 싸가지 없어 보이고 말 없이 나가려니 버릇 없어 보이고 상사가 퇴근한 후에 가자니 약속에 늦을 것 같다. 이럴 때 공을 못 던지면 두 가지밖에 길이 없다. 말 안 하고 상사의 퇴근을 기다리거나 싸가지 없이 먼저 퇴근한다고 말하고 가는 경우가 될 것이나. 이 경우도 마찬가지로 공을 넌져본다.

"과장님, 저 오늘 정시에 나가야 할 것 같은데 더 시키실일 없나요?"라고 말이다.

  물론 매일 이렇게 묻는 건 좋은 이미지가 아닐 수도 있겠지만 자주가 아니고 가끔 한두 번은 이 정도 질문으로 상사에게 공을 던질 수 있다.

  그럼 상사는 대부분 '아니, 먼저 퇴근해'라든가 '이것만 하고 가'라든가 판단과 결정을 해줄 것이다. 그러면 그것에 따르면 된다.

  여자 친구와의 관계에서는 어떻게 될까?

  "여행 가고 싶은데 어디 갈래?"

  이런 질문을 들으면 꼭 어디 한 군데를 선택해 이유를 다 붙여서 말해야 한다는 생각이 든다.

  "겨울이니까 따뜻한 곳이 좋으니까 제주도가 좋을 것 같아."

  이렇게 말이다. 그러면 친구는 제주도에 갈지 말지 두 가지 대답밖에 할 수 없다. 그런데 "어디 갈까? 넌 어디 가고 싶은 데 없어?" 이렇게 친구에게 공을 던질 수도 있다.

  지금까지 구체적인 예를 들어 설명했지만 '공을 던진다'라는 기본적인 개념을 갖고 있다면 연애뿐만 아니라 일, 그리고 전반적인 인간관계에 도움이 될 것이다.

  사람들 중에서는 자기나 남을 배려한다고 남의 생각까지 추측해서 결론을 다 내려놓고 말하는 사람이 종종 있다. 일요일에 몇 시에 만나냐고 물어보면 될 것을 "네가 원래 아침에 늦게 일어나고 또 씻는 데 한참 걸리니까 12시에 만나자" 이렇게 말한다. 이 말보다는 "몇 시에 만날까?" 이렇게 물어보면 된다.

    자, 지금부터 대화에 있어서 공 던지는 연습을 해보자. 자고로 공은 여기저기 굴러다니는 물건이다. 잘 던지고 잘 받으면 재미있지만 한 사람이 계속 가지고 있으면 재미 없고 짜증만 날 수 있다.

침묵으로 왕자를 움직여라   ○ ○ ○

침묵으로
남자를 움직여라

　　　　　　　　남자에게 먼저 연락하지 말라는 필자의 조언을 듣고도 망설이는 사람이 많다. 자신이 먼저 연락을 하지 않다가 연락이 끊길 것을 두려워하기 때문이다. 하지만 막상 먼저 연락하지 않아도 아예 연락이 끊기지는 않는다. (만약 그렇다면 그 남자는 당신을 마음에 두지 않았다는 뜻이므로 다시 만날 이유가 없다.)

　대체 왜 연락을 끊으면 연락이 올까? 그것은 침묵의 힘이다. 침묵이 남자의 마음을 움직이는 것이다.

　남자들은 침묵에 익숙하다. 남자들끼리 한 시간 동안 버스를 타고 여행을 떠난다 치자. 친하든 그렇지 않든 상황은 비슷하다. 그들이 한 시간 동안 하는 말이라고는 고작 몇 마디뿐이다.

"언제 내리지?"

"한 시간쯤 걸릴 거야."

그러고는 침묵. 한 시간이 지나서야 말을 한다.

"내리자."

"응."

남자들 사이의 흔한 대화다. 그들은 한 시간 가까운 침묵에 대해서 전혀 불안해하지 않는다.

여자들은 어떨까? 버스에 타자마자 서로 이야기를 나눈다.

"어머, 버스 좌석이 이게 뭐야. 지저분해."

"그러게. 이걸 타고 어떻게 한 시간씩 가지?"

"그래도 할 수 없지."

좌석에 앉고 나서도 수다는 이어진다.

"어제 여행 간다고 언니한테 얘기했더니, 세상에, 언니가 저번에 가본 곳이라는 거야."

"그래? 우리 엄마도 여길 알더라고. 가본 사람이 많은가 봐."

"그러게. 그런데 아까 먹은 우동은 정말 맛없더라."

버스에서 내릴 때까지 이런 대화는 끊이지 않는 게 보통이다.

침묵에 익숙하지 않은 여자와 침묵에 익숙한 남자가 만났을 때 갈등이 생기는 것은 어쩌면 당연하다. 이때 남자에게 침묵하지 말라고 투정 부리고 화내는 것보다 침묵으로 응수하는 것이 훨씬 더 잘 먹힌다.

침묵이 더 큰 효과를 발휘하는 상황은 바로 싸웠을 때다. 의견이 충돌하거나 섭섭한 일이 있을 때 논리적으로 대화하려는 여자들이 많다. "네가 몇 월 며칠에 약속 시간에 늦게 왔고, 생일 선물도 안 줬고, 또 나의 약점을 지적해서 기분 나쁘게 했다. 그러니 사과해"라고 정확히 지적한다. 그 당시에는 사과를 받을 수 있을지 모르지만 남자를 변화시키지는 못한다.

<u>변화하길 원한다면 침묵하라. 어떤 말도 하지 말고, 연락도 하지 말고, 연락을 받지도 말자.</u> 처음엔 남자가 눈치채지 못할 수도 있다. 여자들보다 침묵에 대한 인식이 둔하기 때문에 그것이 침묵의 상태인지조차 모를 수 있다.

그러나 시간이 지나 침묵의 상태를 인식하게 되면 남자는 그때부터 무엇 때문에 여자가 화가 났고 어떻게 풀어줄지를 생각한다. 여자들에게 침묵은 존재의 부정이자 이별의 신호이지만 남자들은 그저 여자가 화가 났구나 정도로만 인식할 뿐이니, 행여 이별할까 걱정할 필요는 없다.

예를 들면 생일 선물을 못 받았다 치자. 그렇다면 바로 침묵의 상태로 들어간다. 아무것도 모르는 남자가 몇 번 먼저 연락할 수도 있다. 그러면 그때 반응을 하지 않는다. 그쯤 되면 남자는 뭐가 잘못된 건지 생각을 하고, 그러다가 생일 선물을 하지 않았던 사실을 떠올린다. 남자가 "미안해. 생일 선물을 못 해줘서"라고 사과하면 그때 사과를 받아주면 된다.

생일날 화를 버럭버럭 내고 눈물을 찔찔 흘리며 선물도 안 해준다고 소리쳐봤자 별 효과가 없다. 대신 침묵을 보여주면 남자는 앞으로 절대 생일 선물을 까먹지 않을 것이다.

침묵은 남자의 마음을 편안하게 하고 스스로 답을 찾게 만드는 도구다. 침묵을 무서워하지 말자. 시간은 조금 걸리겠지만 남자를 변화시키는 가장 확실한 방법이다. 침묵하면 연애가 편해진다.

침묵으로 왕자를 움직여라 ○ ○ ○

부담스럽다는 말의
진짜 의미

누구나 한 번쯤은 들어봤을 한마디.
"네가 부담스러워."
이런 말을 들었을 때 내가 잘나서, 혹은 능력이 좋으니 저 남자가 알아서 포기하는 거라고 생각한다면 오산이다.
남자가 '부담스럽다'고 말하는 속뜻은 세 가지 정도로 추릴 수 있다.
우선 첫인상에서 오는 부담스러움이다. 이것은 보통 패션이나 스타일에서 오는 부담이다. 예쁘게 차리지 말라는 뜻이 아니라 남자와 여자의 패션에 대한 인식의 차이를 말하는 것이다.
파마머리에 짙은 화장, 미니스커트에 화려한 손톱, 게다가 반짝거리는 액세서리와 하이힐까지, 머리끝부터 발끝까지 꾸민 그 화려함을 남자들은 부담스러워한다. 보통 남자들의 옷은 심플함 그 자체다. 정장은 말할 것도 없고 티셔츠만 해도 여자 옷에 비한다면 단순하기 짝이 없다. 즉 자신이 평소 경험해보지 못한 여자들의 '화려함'에 대한 부담인 것이다.

패션이란 것은 자연스러워야 한다. 남자를 만난다고 평소엔 잘 하지도 않던 화장을 짙게 하고 안 입던 화려한 옷을 꺼내 입으며 억지로 꾸며봤자 그 부자연스러움이 고스란히 남자에게 전해지는 것이다. 화려한 패션에 가려서 여자가 보이지 않을 때, 남자들은 부담을 느낀다.

두 번째는 쉽게 떠올릴 수 있는 능력이나 집안, 경제력에서 오는 부담이다. 이 부분은 여자의 태도에 따라서 남자 쪽에서 충분히 다르게 느낄 수 있다. 처음부터 여자가 자기보다 능력 있다는 것을 알고 사귀는 것과 사귄 후에 알게 되는 것에는 상당한 차이가 있다.

보통의 남자라면 자신보다 연봉이 두 배나 많은 여자에게 쉽사리 접근하지 못한다. 하지만 처음에는 몰랐다가 사귀고 나서 알게 되었다면 고민은 하겠지만 부담스럽다는 이유로 피하지는 않는다.

이래서 첫 만남이 중요한 것이다. 첫 만남에서 자신의 능력, 집안, 경제력 등 자신의 신상에 대해 구체적으로 얘기할 필요가 없는 이유가 여기서 드러난다. 그냥 말을 적게 하고, 자신에 대해 말을 하게 되더라도 평범한 사람으로 인식할 정도로만 알려주면 된다. 일단 보통 여자의 이미지로 만들게 된다면 나중에 여자의 능력이나 집안, 경제력에 대해서 알게 되어도 바로 부담스럽다며 돌아서지는 않는다.

자신보다 능력 없는 남자를 사귀라는 뜻이 아니다. 단지 남자가 자신보다 여자가 더 낫다고 오해하는 것은 막자는 얘기다. 남자는 손에 닿지 않는 여자가 아니라 손에 닿을 듯한 여자에게 관심을 갖는다. 손에 닿지 않는 여자에 대해서 부담스럽다고 하는 것이다. 실제로는 어떤지 모르면서 막연히 남자에게 '손이 닿지 않는 여자'로 느껴지게 하는 것은 그만큼 만남의 기회를 줄이는 일일 뿐이다.

세 번째는 여자의 태도가 부담스러운 경우다. 보통 이 경우는 관계가 시작된 후, 혹은 사귀는 도중에 말할 확률이 높다.

"네가 부담스러워."

남자의 입에서 이 말이 나왔다는 것은 여자의 관심을 사양한다는 뜻이다. 사귀는 사이라면 관계는 회복 불능의 상태라는 얘기다. 이 말을 들었다면 깨끗하게 포기하는 게 낫다.

남자들은 죽어도 헤어지자는 직접적인 말을 안 한다는 전제하에서 '부담스럽다'는 말은 최악의 거절이다.

"네가 (날 너무 좋아해서) 부담스러워."

"네가 (나에게 너무 잘해줘서) 부담스러워."

"(다른 여자가 생겨서) 네가 부담스러워."

남녀관계에서, 특히 남자에게 가장 민감한 것이 바로 이 '부담스러움'이다. 부담스럽다는 생각이 들면 남자는 절대로 관계를 시작하지 않는다. 또 사귀다가도 부담스럽다는 생각이 들면 절대로 회복되지 못한다.

그래서 남자가 '부담스럽다'는 느낌을 갖지 못하도록 여자의 감정이 앞서나가지 말아야 하고, 애인이라는 관계에 집착하지 않음을 보여줘야 하며, 또 결혼에 대해서 푸시하지 않는다는 걸 보여줘야 하는 것이다.

혹시 지금까지 부담스럽다는 말을 무심히 넘겼다면 자신이 어떤 식으로 부담스러운 사람인지 한번 생각해보시길. 분명한 것은 부담스럽다는 느낌은 존재 자체에서 오는 것이 아니라 어떻게 표현하고 어떻게 행동하는지에 달려 있다는 것이다.

침묵으로 왕자를 움직여라   ○ ○ ○

"지금까지 남자 몇 명이나 만나봤어?"

　　　　처음 만났을 때, 처음 잘 때 남자들은 흔히 이런 질문을 한다.

"지금까지 몇 명이나 만나봤어요?"

"가장 최근에 헤어진 남자친구랑은 왜 헤어졌어요?"

"솔직한 여자가 좋더라고요. 지금까지 사귄 남자는 어떤 사람이에요?"

좀 더 노골적인 질문도 있다.

"지금까지 몇 명의 남자랑 자봤어?"

"처음은 아니겠고, 도대체 내가 몇 번째야?"

"전 남자하곤 어디까지 간 거야?"

결론만 말하자면 이 모든 질문에 솔직하게 대답할 필요는 전혀 없다는 것! 그렇다고 "처음이에요", "남자친구는 처음 사귀어요"라고 거짓말할 필요도 없다.

이 모든 질문은 아주 개인적인 것이다. 가족들, 심지어는 친한 친구에게도 제대로 말하지 않는 자신만의 프라이버시다. 그런데 처음 만난 남자에게 주절주절 떠들 필요가 있을까? 그 남자가 맘에 들어서 친해지고 싶었다고?

정말 친해질 수 있는 방법을 알려드리겠다. 대화에는 친해지고 나서 하는 대화가 있고 친해지기 위해서 하는 대화가 있다. 위의 대화는 여자친구들 사이에서라도 친해지고 나서 하는 경우다. 초면에 만난 친구에게 저런 얘기를 한다면 다들 정상적으로 보지 않을 것이다.

그렇다면 친해지기 위한 대화는 어떤 것일까?

바로 만난 순간부터 시작되는 대화다. 두 사람이 만나기 전의 시간은 아무리 말해봐야 공감하기 어려운 것들이 대부분이다. 실제로 두 사람의 공감대가 형성되는 것은 만나고 나서부터다. 만나고 나서 같이 경험한 것, 같이 본 것, 같이 느낀 것에 대한 얘기가 공감할 수 있는 대화다. 즉 서로의 시간을 공유하고 나서야 친해지는 것이다.

그러므로 과거의 경험을 서로 털어놓는 것이 두 사람을 더 가깝게 만들어준다는 생각은 착각이다. 남자의 호기심을 충족

시켜줄 뿐이고 또 남자가 멋대로 상상하게 만들 수 있는 위험도 매우 크다.

처음 만났을 때 과거의 이성관계를 묻는 질문에는 무조건 피할 것! 정 집요하게 묻는다면 "더 친해지면요"라고 말하고 상황을 피하자. 그렇다고 다음에 정말로 얘기해줄 필요도 없다. 성경험에 대해서도 마찬가지. 자신이 몇 명의 남자와 경험이 있는지, 묻는 말에 곧이곧대로 다 대답하지 말자. 만약 이렇게 피했는데도 집요하게 묻는 남자라면 당신에게 애정은 없고 호기심만 있는 남자다.

과거의 이성관계의 질문엔 주눅 들 필요가 없다. 당당히 거부권을 행사하라. 물론 나의 프라이버시를 지키는 만큼 남자에게도 집요하게 묻지 말 것. 눈치 있게 대화나 행동을 통해 알아내면 된다.

사랑의 깊이는 만나는 순서와 상관이 없다. 가장 중요한 것은 현재다. 내가 현재 누구와 함께 있느냐, 그것이 가장 중요하다. 이미 사라져버린 과거가 행복한 현재를 방해할 수 없다.

침묵으로 왕자를 움직여라

"어떤 남자를 좋아하세요?"

처음 남자를 만났을 때 흔히 나오는 얘깃거리다.

"어떤 남자가 좋아요?"

마음에 든 남자라면 바로 이때다 싶어서 대답한다.

"성실한 남자가 좋아요."

아주 또박또박 얘기한다.

"성실한 남자요?"

대부분의 남자가 되묻는다. 그러고는 이렇게 덧붙이기도 한다.

"구체적으로 어떤 건가요?"

그럼 여자의 친절한 대답이 이어진다.

"남자들이 대부분 처음에만 열심히 연락하고 만나고 그러다가 어느 순간 식어버리잖아요. 그런 남자 말고 늘 한결같은 남자요. 연락도 자주 하고요…….."

더욱 친절하게 덧붙이는 대답.

"전 직업이나 경제력, 그런 것보단 성실함이 더 중요하다고 생각해요."

그리고 본인도 성실 맹세를 한다.

"저도 남자친구가 생기면 꼬박꼬박 연락하고 기념일도 챙기고 어려운 일이 있으면 서로 상의하고 싶거든요."

이렇게 말해놓고 뿌듯해한다. 자신이 원하는 남성상을 말했으니 이제 이 남자가 어떻게 하는지 보기만 하면 되겠다는 심산인 것.

그러나 이 말은 자기 자신을 거의 다 드러낸 말이다. "남자들이 대부분 처음에만 열심히 연락하고 만나고 그러다가 어느 순간 식어버리잖아요." 이 부분에서 지금껏 자신의 과거 연애들이 남자 쪽에서 먼저 식어버려서 끝났다는 것을 곧이곧대로 알려준 것과 진배없다. '과거의 남자는 그랬는데 넌 안 그러겠지?'라는 말과 다르지 않다.

냉정히 생각해보자. 왜 그 남자들이 점점 변해갔을까? 그 해답 역시 당신의 말 속에 들어 있다. "저도 남자친구가 생기면 꼬박꼬박 연락하고 기념일도 챙기고 어려운 일이 있으면 서로

상의하고 싶거든요." 바로 이 말이다. 꼬박꼬박 먼저 연락하고 기념일도 챙겨야 한다고 요구하고 힘든 일이 있을 때마다 함께 나누자며 붙잡았을 것이 뻔하다. 게다가 처음 만난 남자에게 이런 말을 한다는 것 자체가 당신은 무엇이 문제였는지 아직도 모른다는 것을 뜻한다.

심지어 그동안 만난 남자는 다 나쁜 남자였으며 다른 남자는 다를 것이라 생각하고, 자신은 그렇지 않은 남자를 찾겠다며 더 많은 남자를 만날 것이라고 굳은 결의마저 보이는 것. 문제가 자신 안에 있다는 것도 모른 채 말이다.

자, 그렇다면 남자가 그런 질문을 했을 때 어떻게 대답하면 좋을까?

거꾸로 입장을 바꿔서 생각하면 간단하다. 우리가 남자에게 "어떤 여자가 좋아요?"라고 물었을 때 가장 듣기 좋았던 대답을 떠올려보자. 아무리 그 남자가 마음에 안 들더라도 대답을 들은 순간 미소 짓게 만드는 그 말.

"당신 같은 사람이죠"라는 말이다. 진심이 아니라는 것을 알면서도, '이 사람 선수 아냐' 의혹을 품으면서도 1초는 충분히 기분 좋아지는 말이다.

"○○○씨 정도라면 괜찮죠"라고 대답해보자.

남자가 혹시 오해하면 어떻게 하냐고? 처음 만난 사람에게 저 말을 들었다면 당신은 오해를 할까, 아니면 듣기 좋은 말이라고 생각하고 넘길까? 남자도 다르지 않다. 포인트는 실제로 어떤 남자가 이상형인지를 말하지 않는 것이다.

"에이, 그러지 말고 진짜로요"라며 자꾸 물어온다면 연예인을 예로 들면 된다. "소지섭 같은 남자?"라고 아무 연예인이나 찍자. 그런 질문은 가볍게 넘기기만 하면 된다.

성실한 남자를 원한다고 솔직하고 진지하게 얘기해도 남자가 성실해지지는 않는다. 그 남자는 그 남자일 뿐이다.

침묵으로 왕자를 움직여라

관계에 재앙이 되는 말
"날 사랑해?"

사랑이란 단어가 생겨난 후 수많은 연인에게 반복되어온 질문이 아마도 "날 사랑해?"가 아닐까? 문제는 여자들이 먼저 물어보고 스스로 자폭한다는 것이다. "날 사랑해?"로 시작하는 대화의 패턴은 어느 커플을 봐도 비슷하다.

여 날 사랑해?

(남자에게 감동했거나 싸웠거나 아니면 섹스 전후, 데이트가 끝나고 헤어지기 직전에 많이 물어본다. 문제는 타이밍이 적설지 못하다는 것.)

남 응.

모든 남자는 약속한 듯이 이렇게 대답한다. 간혹 "모르겠다"고 대답하는 남자도 있다. 그것보다 더 무서운 대답은 "난 한 번도 여자한테 사랑한다고 말한 적이 없어"라는 것이다. 이 대답이 나왔다면 여태까지 여자에게 헌신한 적이 없으며 앞으로도 헌신할 가능성은 제로일 확률이 높다. 따라서 이렇게 대답한 남자와는 관계를 정리해도 문제가 없다. 이런 남자에게 언젠가는 사랑한다는 말을 들을 수 있을 거라고 확신하며 여전히 삽질만 하는 여자들도 많겠지만, 결과적으로 다른 여자에게 사랑한다고 고백하는 남자의 뒤통수만 보게 될 확률이 더 크다.

여 얼마만큼?
("나 보고 싶어?" 다음에 이어지는 질문이기도 하다.)
남 많이.

이 정도 대답이면 훌륭하다. 그러나 계속 반복된 질문에 짜증이 난 남자는 "그걸 꼭 말로 해야 아냐?"라든가 "사랑이 수학이냐?"라고 되묻기도 한다. 그러면 여기서부터 여자의 징징거림이 시작된다.

여 자기, 날 정말 사랑하지 않는 거지? 그냥 만나는 거지? 혹시 나랑 그거 하려고 만나는 거야?

이쯤 되면 남자는 그냥 "많이"라고 대답하고 뽀뽀해주고 넘어갈걸, 하고 후회할지도 모른다. 가시밭길을 자초한 자신의 입을 원망할지도.

여자들에게 하고 싶은 말은 "날 사랑해?"로 시작하는 대화에 의미를 두지 말라는 것이다. 더 좋은 방법은 이 대화를 남자 쪽에서 시작하게 하는 것이다. 대부분은 이 말에 의미를 두기 때문에 싸움이 시작되고 또 나아가서는 이별도 한다.

남자들의 반응이 기대에 못 미치면 여자는 원하는 답이 나올 때까지 매일 물어본다. 그리고 그때마다 원하는 대답이 나와야 마음을 놓는다. 만약 원하는 대답이나 반응이 나오지 않을 경우 대부분의 여자들은 "이 남자, 날 사랑하지 않나 봐. 헤어져야 할까?"라고 생각하기 시작해서 잠시 후에는 헤어지자며 문자나 이메일을 보내고 있을 수도 있다. 직접 얼굴을 보고 얘기하는 게 두렵기 때문이다.

이때 영문을 모르는 남자는 이유를 묻기도 하고 달래보기도 한다. "자기, 날 안 사랑하나 봐"라는 여자의 대답에 남자는 그저 답답할 뿐. 도대체 내가 뭘 어쨌기에 사랑하지 않는다는 걸까? 주말마다 만나고 좋은 곳에 데려가고 생일이면 선물도 사줬는데, 도대체 뭐가 잘못된 걸까? 남자는 이미 "날 사랑해?"로 시작한 대화를 잊은 지 오래다.

"날 사랑해?"로 시작한 대화가 이렇게까지 관계에 악영향을 미치는 원인은 간단하다. 증명할 수 없는 것이기 때문이다. 원래 '사랑'이란 단어 자체가 인류에게 섹스를 시키는 마법의 말이기도 하지만 전쟁도 일으키는 잔혹한 것이기도 하다. 각기 해석하기 나름인 단어를 두고 "넌 이렇게 말해야 해"라고 밀어 붙이면 어떤 사람도 공감하기 어렵다.

아래의 대화를 보자.

여 우리 점심 뭐 먹을까?
남 글쎄. 넌 뭐가 먹고 싶은데?
여 스파게티.
남 그럼 어느 가게로 갈까?
여 강남역에 있는 ○○○ 어때?

이 대화가 이렇게 무난하게 이루어질 수 있는 이유는 뭘까? 사실에 관한 대화이기 때문이다. <u>용건만 간단히 하는 통화가 연인 사이에 무엇보다 중요한 역할을 하는 것은 바로 쓸데없는 감정 소비를 하지 않는다는 데 있다.</u>

연인끼리 전화를 하다 보면 대부분은 감정적인 대화로 흘러간다.

"오늘 나 얼마나 보고 싶었어?"

"오늘 내 생각 많이 했어?"
"지나가다 구두를 봤는데 네 생각이 나더라."
이런 감정적인 대화는 길어지면 길어질수록 공감대가 어긋나서 분위기만 나빠진다. 만나서 얼굴 보고 대화를 해도 오해가 생기는데 전화로 감정적인 대화를 시작하면 더 쉽게 오해가 생기지 않겠는가?
"날 사랑해?"만큼 달콤한 말도 없다. 그러나 이 대화를 가벼운 마음으로 나눌 각오가 되어 있지 않다면 먼저 꺼내지 않는 게 관계에는 더 도움이 될 것이다.

침묵으로 왕자를 움직여라   ㅇ ㅇ ㅇ

"날 사랑한다면서
이런 것도 못해?"

"날 사랑한다면서 이런 것도 못해?"

얼마나 이 말을 많이 했을까? 물론 처음부터 이 말을 하는 것은 아니다. 어느 날 연애는 시작된다. 그리고 남자는 분명 날 사랑한다고 했다. 그러면 우리는 사랑에 대한 많은 기대를 하게 된다. 사랑한다면 아무리 바쁘더라도 날 위해 시간을 내줄 것이고 사랑한다면 아무리 돈이 없어도 날 위해 선물을 사줄 것이고 사랑한다면 아무리 피곤해도 전화 한 통은 할 것이라고.

말그대로 사랑은 불가능을 가능케 하는 초인적인 힘을 가졌다고 믿는다. 왜냐하면 나도 사랑하는 남자를 위해서 친구들도 안 만나고 있고 또 여름휴가를 가기 위해 회사에서 일도 열심히 하고 있고 가끔 좋은 곳에 가서 저녁을 먹기 위해 열심히 돈도 절약하고 있으니까. 나도 이렇게 남자친구를 위해서 희생하는데 남자친구가 날 위해서 못할 게 무엇이 있을까 싶다.

그런 와중에 여자는 남자에게 한 가지 부탁을 하게 된다. 물론 이런 부탁은 서로 합의가 되었다기보다는 여자가 일방적으로 설정한 것일 경우가 많다. 그리고 여자친구라면 이런 요구는 당연히 할 수 있다고 생각한다.

"자기야, 술 좀 줄이면 안 돼?"

나름 콧소리를 내며 애교 철철 넘치는 목소리로 말한다. 남자는 당연히 알았다고 한다. 여자는 매의 눈으로 지켜본다. 일주일에 얼마나 술자리를 가는지 그리고 얼마나 자신에게 솔직하게 말하는지……. 그러나 별로 변화가 보이지 않는다. 여자는 이러다가 남자의 건강이 걱정된다며 다시 다짐을 받아야겠다고 생각한다.

"자기 잊어버렸어? 술 줄인다더니? 이번 주에 도대체 몇 번이나 술자리에 간 거야?"

남자는 대답을 못한다.

"아…… 그게 내가 조절을 하려고 했는데…….''

이제 여자는 더 이상 못 참겠다는 듯 화를 낸다.

"됐어. 날 사랑한다면서 그것도 못해?"

남자는 열심히 변명을 시작한다.

"널 사랑 안 하는 게 아니라…… 회사생활을 하는데…….''

"아냐. 다 필요 없어. 날 사랑한다면 그 정도는 충분히 할 수 있는 거야."

그러다 울먹이기까지 한다.

이젠 남자가 얼마나 손이 발이 되도록 사과를 하느냐 아니면 그냥 침묵하느냐에 따라 관계의 미래가 달라진다. 그러나 문제는 남자는 여전히 변하지 않는다는 것이다. 그렇다면 여자는 냉정하게 헤어짐을 선택하겠다고 선언한다. 그 이유는 '날 사랑하지 않기 때문에 변하지 않는 거야'라며 '나는 함께 발전해 나가는 관계가 좋아'라는 말도 덧붙일 것이다.

그렇다. 우리는 누구나 타인을 변화시키고 싶어 한다. 그리고 거기에 '사랑'이란 걸 얹으면 초인적인 변화의 힘이 생겨날 것이라고 믿는다. 더구나 나는 남자친구를 좋은 길로 인도하는 천사가 되고 싶다. 그리고 이미 자기 자신은 남자친구로 인해 많이 변했다고 생각한다.

우리 어머니들은 우리가 늘 공부 잘하는 우등생이 되길 바랐고 또 돈 잘 버는 사회인이 되길 바랐고 시집 잘 가는 딸이 되길 바랐다. 그리고 어머니의 사랑은 위대하다. 그럼에도 불구하고 우리는 그렇지 못한 경우가 많다. 이건 우리가 어머니를 사랑하지 않아서일까? 아니다. 내 스스로가 변화에 대한 필요성을 느끼지 못했고 또 변화하고 싶지 않아서였다.

'사랑하기 때문에 변한다.' 너무 쉽게들 말한다. 늘 '내 남자친구나 남편이 나 때문에 술을 끊었다거나 담배를 끊었다'라는 말은 전설처럼 들려온다. 내 남자친구 또한 그렇게 변해주길 기대한다. 그러나 정작 '사랑하기 때문에 변한' 것은 일시적인 경우가 많다. 그저 그 사람에게 잘 보이기 위해서 잠깐 노력한 것뿐, 스스로의 변화 같은 건 생각하지 않는다. 아마 변했다면 그건 변한 척하는 뿐일 것이다.

사람은 스스로 변화의 의지를 가질 때 변한다. 그리고 스스로 변하는 것이 오래간다. 누군가를 사랑해서 변한다고 하는 것은 겉보기엔 그렇게 보일 수 있지만 정작 스스로가 변하려는 의지가 있었기 때문에 가능한 것이다.

의외로 이런 간단한 사실을 인식하지 못한 채 '사랑한다면서 날 위해 이것도 못해?'라는 말을 너무 쉽게 하고 있는 건 아닌지 스스로를 돌아보자. 우리처럼 평범한 인간에겐 '사랑한다고 해도 못하는 것'이 더 많이 있을 것이다.

사랑은 사람을 변하게 한다고 하지만 그것은 정작 보는 사람의 시선이 변한 것이고, 본인은 변하지 않을 것일 수도 있다. 그리고 중요한 것은 내가 변하지 않는 한 남도 변하지 않는다. 타인이란 나의 자극에 의한 반응을 하게 되어 있으니까. 나의 자극은 그대로 두고 반응만 바뀐다는 것은 논리적 모순이다.

남을 변화시키기에 앞서 우선 내가 먼저 변화하는 것이 남을 변화시키는 가장 빠른 방법이다.

침묵으로 왕자를 움직여라　○○○

"바람 피운 적 있어?"

　　　　혼자 영화를 보기 위해 영화관을 갔었는데 내 옆 자리에는 커플이 앉아 있었다. 남자는 열심히 이것저것 얘기하고 있었고, 뭐 쓸데 없는 얘기였지만 대화를 주도하기 위해 노력하는 것 같았다. 역시 남자 얘기만 들어도 대화는 다 이해가 될 정도로 주도하고 있었고 여자는 맞장구만 치는 것 같았다. 그런데 영화의 예고편이 나오는 중에 '남자가 바람 폈다'는 내용이 나오자 갑자기 여자가 물었다.

　"바람 피운 적 있어?"

　당황한 남자는 "없어"라고 얘기하며 "왜 그런 건 물어?"라고 애써 그 질문을 피하려고 했다. 여자는 굴하지 않고 "정말?"이라고 되물었다.

옆에서 듣던 나는 '이게 뭐야?'라고 소리치고 싶었다. 도대체 뜬금없이 저 질문을 왜 하는지! 왜 잘 나가다가 저런 대화가 나오는지 안타까웠지만 한편으로는 이해가 되었다.

여자들은 흔히 남자들에게 호시탐탐 기회를 노리다 묻는다. 지금처럼 영화에서 '바람'을 소재로 다루거나 9시 뉴스를 보다가 '변심한 여인의 집에 불을 질러서……' 이런 내용이 나오면 아주 적절한 타이밍이라고 생각한다.

"자기는 바람 피우는 거 어떻게 생각해? 내가 바람 피워도 용서해줄 수 있어?"

뭐 이런 질문을 최대한 애교를 섞어서 한다고 한다. 이 얘기에 남자들은 꼭 반응을 한다.

"그런 건 뭐 하러 물어? 내가 바람 피울까 봐?"

"아니. 꼭 그런 건 아니지만…… 혹시 예전에 양다리 같은 거 안 해봤어?"

이렇게 더 질문을 파고 들어간다. 여기서 제대로 된 남자라면 대화를 피하거나 아니면 딱 잘라 말할 것이다.

"난 절대로 바람은 안 피워. 헤어지고 만나면 만나지."

이 얘기를 들었다면 그 이후 여자는 이 대화에 얽매이게 된다. 남자가 조금 이상해졌다고 생각이 들 때 이 대화를 떠올린다.

'절대로 바람은 안 피운다고 했어. 다른 여자가 생겼나본 헤어지자고 했을 거야.'

뭐 이렇게 전에 들은 한마디 말을 되새김질하며 스스로 위로도 한다. 그러나 어떤 남자는 이런 질문에 갑자기 솔직해지기도 한다.

"딱 한 번 바람 피운 적 있는데 그건 여자가 너무 나한테 들이댔어. 매일 회사로 찾아오고."

이런 책임 회피형으로 얘기한다. 이 얘기를 들은 후 여자는 남자의 주변 여자가 다 의심스럽다. 너무 들이대는 여자가 있으면 이 남자 바람 피울 텐데 어쩌나 하고 말이다.

물론 남자의 바람을 걱정하는 기분은 충분히 이해한다. <u>당신의 눈에는 아주 멋져 보여서 당신 말고도 좋아하는 여자가 있을 것만 같아 불안할 수도 있을 것이다. 아니면 남자의 친절한 성격이 마음에 걸릴 수도 있을 것이다. 그러나 문제는 당신의 자신감이다.</u>

'바람 피우면 어떻게 하나?'라고 걱정하기보다는 바람 피우면 나에게 마음에 없는 것이니 헤어지겠다는 의지를 갖고 있는 것이 중요하다. 그렇다면 굳이 저런 질문을 할 필요도 없다. 바람 피운 결과가 나오면 그때 헤어지면 되니까.

연인 사이에서 민감한 주제에 대해서는 되도록이면 화제로 꺼내지 않는 것이 좋은 관계를 유지하는 비결이다. 이와 유사 질문은 '나 말고 따로 만나는 여자가 있어요?'이다.

정말 대화를 잘하고 싶다면 질문을 할 때, 내가 궁금한 것을 묻는 게 아니라 상대가 대답하기 편한 것을 물어야 한다. 우리는 퀴즈 프로그램에서 상품이 걸려 있어서 상대방이 대답하기 어려운 질문을 내는 관계가 아니다. 즐거운 데이트와 연애를 위해서 즐거운 대화를 하겠다는 마음가짐이 무엇보다 중요하다.

침묵으로 왕자를 움직여라 ○ ○ ○

밥 챙기기는
그만둬!

여자친구로서의 기본 의무를 '남자친구 밥 챙기기'라고 생각하는 여자들이 많다. 밥을 직접 챙겨주지는 못해도 끼니마다 뭘 먹는지는 꼭 물어본다. 그러나 이 생각을 시작하는 것 자체가 애인이 아니라 '엄마의 길'로 들어서는 일이다.

한국의 문화 특성상 "식사하셨어요?"는 그냥 인사일 뿐인데 밥 먹었는지 물어보는 게 뭐가 나쁘냐고 할 수도 있다. 그러나 당신이 남자친구에게 물어보는 "밥 먹었어?"는 절대 그냥 인사가 아니다. 여차하면 도시락이라도 싸서 당장 달려갈 마음에서 나온 질문이라는 것이 문제.

저녁 여덟 시쯤 연인의 대화.

여　밥 먹었어?

남　아니, 아직.

여　밥을 먹어야지 무슨 소리야.
　　(여기서부터 눈물 나는 걱정이 시작된다.)

남　괜찮아. 나중에 먹으면 돼.

여　왜 나중에 먹어. 제때 챙겨 먹어야지. 같이 먹을 사람 없으면 내가 가 줄까?
　　(자신은 이미 저녁을 먹어놓고!)

남　괜찮은데. 오려면 오든가·······.

여　알았어. 바로 갈게.

　　이렇게 남자친구를 만나러 간다. 이것도 '급만남'이지만, 밥도 못 먹은 남자친구를 위해서라면 그런 건 별 상관이 없다고 생각한다.
　　만난 순간 또 밥 얘기부터 꺼낸다.

여　왜 밥도 안 먹고 그래. 뭐 먹을까?

남　간단하게 먹자. 너는?

여　난 이미 먹었어. 난 커피나 마실게.

　　여기서 여자는 남자친구에게 한 사람만 밥을 먹고 옆에서 커피만 마셔도 어색하지 않은 레스토랑으로 가길 바란다. 그러나 남자는 혼자서 스파게티나 혹은 양식을 먹는 게 어색하기만 하다. 당연히 혼자 먹는 남자친구는 음식을 잘 먹지도 못한다.

이런 모습에 여자는 남자친구가 입맛이 없어서 그러는지 기운이 없어서 그러는지 걱정되어 안절부절못한다. 입맛이 없냐고 물어보니 말로는 아니라고 하는데 표정은 여전히 밝지도 않고 잘 먹지도 않는다. 물론 남자친구는 여자친구에게 맞춰주려고 갖은 애를 다 쓰고 있는 상태.

여자는 갑자기 섭섭해지기 시작한다. 밥도 못 먹은 것 같아서 여기까지 달려나오고 또 자기는 먹었으니까 일부러 커피를 마시며 기다려주는데 남자친구는 밥도 제대로 안 먹고 기분도 안 좋은 것 같다. 자기는 그래도 밥 한 끼는 제대로 챙겨주려고 이렇게 노력하는데 남자는 왜 제대로 먹지도 않고, 고맙다는 말도 안 하는지 짜증만 날 뿐. 자신에게 애정이 있는지 없는지 의심스럽기까지 하다.

여 이 시간에 여기까지 나온 사람 생각은 안 해? 자기가 밥 못 먹었다고 해서 걱정돼서 왔는데…….
(더 말하다가는 눈물이 날 것 같다.)

남 …….
(이런 게 바로 마른하늘에 날벼락이 아닐까 생각한다.)

여　무슨 말이라도 해봐. 난 자기 걱정을 얼마나 하는데…….
남　늦었다. 그만 가자.

　　아주 우울하게 헤어지고 그 후로 당신은 모든 게 달라졌다고 생각하게 된다. 밥을 챙기는 당신에 비해 남자는 밥 먹은 것도 물어봐주지도 않고 또 챙겨줘도 고마워하지 않으니까. 그래서 '이 남자가 날 사랑하나?'라는 고민부터 '아무래도 헤어져야겠다'는 결론까지 이른다.
　　밥은 본인이 알아서 먹는 것이다. 하루에 한 끼를 먹든 다섯 끼를 먹든 본인의 자유다. 매일 밥 먹었느냐고 물어보는 엄마에게 고마움을 느끼지도 못하고 지겹다고 생각하는 것처럼 남자친구도 내 말을 잔소리로 여기지는 않을까? 정말 배고플 때 차려주는 밥은 반갑지만 얼굴 볼 때마다 밥 먹었냐고 물어보는 것은 지겹다.
　　일단 밥을 화제로 꺼내지 말자. 밥에 대한 얘기는 남자가 데이트를 위해 무엇을 좋아하고 잘 먹는지 물어볼 때 대답하는 정도면 족하다. 일상적으로 밥을 먹었는지 확인하고 안 먹었다면 먹으라고 다그치는 일은 이제 그만두자.
　　밥을 챙기는 일은 그의 생존을 도와주는 일이 아니라 귀찮게 하는 일이다. 당신이 밥 얘기를 꺼내지 않으면 오히려 남자 쪽에서 당신에게 뭘 먹었는지, 잘 먹고 다니는지 물어올 것이다.

침묵으로 왕자를 움직여라 ○ ○ ○

연락에 규칙을
만들지 마

    필자의 조언대로 '먼저 연락하지 않기', '연락은 1/3만 받기', '용건만 간단히'에 성공했다면 '연락에 규칙을 만들지 않기'를 실행에 옮겨보자.

  '최소한 모닝콜은 해야지', '하루에 한 번은 통화를 해야지', '전화가 안 되면 문자라도 해야지'라는 규칙을 가지고 있는지 체크해보자. 혹은 항상 열 시쯤엔 전화를 하던 남자에게서 어느 날 열 시에 전화가 안 왔다고 궁금해하고, 먼저 전화는 못하겠기에 전전긍긍 애만 태우지는 않는지?

  휴대폰은 언제 어디서든 통화를 하는 수단이다. 즉 그 자체에 '언제 꼭 전화해야 한다'는 규칙이 없다. 이미 없는 규칙을 만들어서 강요하지 말자.

게다가 "그래도 자기 전에는 전화해줘. 전화가 안 되면 문자라도. 술 먹고 늦을 때는 꼭 연락해줘"라고 일방적으로 선포하기도 한다. 그러고는 남자에게서 연락이 안 오면 '약속을 안 지키는 남자'로 만들어버린다. 그러나 처음부터 저런 규칙이 없었다면 남자는 약속을 안 지키는 사람이 될 이유가 없다.

먼저 남자에게 연락하지는 않지만 그래도 늘 휴대폰에 신경이 가 있는 당신. 상황을 역전시킬 방법은 간단하다. 남자가 언제든 전화를 걸어야겠다는 생각을 하도록 만들면 된다.

추천하는 방법은 이렇다. 밤 여덟 시나 아홉 시까지 일상적으로 통화를 하는 것이다. 그러다 어느 날은 슬그머니 전화를 받지 않는다.

다음 날 아침에 이유를 물어오면 "일찍 잤어", "책 보다 잤어", "영화 보다 잤어"라고 간단히 답한다. 하루의 끝마무리로 "잘 자! 사랑해, 내 꿈꿔"까지 말하며 질질 끌지 말 것. 핵심은 언제 하는 통화가 하루의 마지막 통화인지를 불분명하게 하는 데 있다.

단, 남자친구의 전화 습관을 길들이기 위해서 아침 아홉 시 이전과 열 시 이후, 일하는 시간, 취미 활동을 하는 시간 같은 개인적인 시간에는 전화를 받지 않는 것이 좋다. 그렇게 되면 남자친구는 알아서 통화할 수 있는 시간을 찾으려고 노력할 것이다. 하루 종일 통화가 안 되는 여자친구에게는 퇴근 후 집에 도착해서는 꼭 통화를 하려 한다든가, 아침에 모닝콜을 해준다든가 하는 패턴을 남자친구가 스스로 찾을 것이다.

휴대폰이 있는 이 세상에서 연락이 안 될 상황은 없다. 매 분, 매 시간마다 전화를 해서 전파가 잘 통하고 있는지, 배터리가 떨어졌는지 안 떨어졌는지 확인할 필요가 없다. 휴대폰이란 시도 때도 없이 언제든 울릴 수 있는 물건이다. 남자친구가 당신을 보고 싶어 할 때만 울리는 기계가 아니라 당신이 내킬 때 울리게 할 수 있는 기계다. 당신은 그저 '부재 중 전화' 기록을 보며 기뻐하면 된다. 그걸 보고 재빨리 다시 전화를 걸 필요는 없다. 그가 당신에게 용건이 있거나 보고 싶어 미칠 지경이라면 반드시 다시 전화를 걸 테니까.

침묵으로 왕자를 움직여라 ○○○

밤 11시 이후
연락은 받지 않는다

　　우리 일상생활에서 상식적으로 전화가 가능한 시간이 있고 실례가 되는 시간이 있다. 휴대폰이 없었을 때는 새벽이나 밤중에 걸려오는 전화는 '사고'이거나 '부음'이었다. 그래서 한밤중에 걸려오는 전화에 아직도 어른들은 깜짝깜짝 놀란다. 그리고 아직도 이 상식을 지키는 것은 중요하다고 생각한다. 그러나 연인들은 '24시간 통화 가능'이 마치 가장 사랑하는 사이라고 착각하고 있는 듯하다.

　　한밤중이든 새벽이든 전화를 하고 또 받아주는 것이 애정의 척도인 것처럼 다른 사람에게 자랑하는 여자들도 많이 있다. 그러나 규칙적인 생활은 아니더라도 보통 사람이 생각하는 시간의 생활을 해야 한다. 밤에는 자고 아침에 일어나는 생활

말이다. 그러므로 아주 특별한 경우가 아니라면 밤 11시 이후의 전화는 받지 않는다.

 왜 12시도 아니고 밤 11시인가? 시간에 대한 이미지를 떠올려보자. 오후 1시, 2시, 3시의 차이보다는 밤 9시, 10시, 11시, 12시가 주는 이미지가 상당히 다르다. 밤 시간은 한 시간마다 상당히 밤이 깊어지는 이미지다.

 우리가 다른 사람에게 전화할 때 밤 10시가 넘으면 꺼리면서 하게 된다. 그리고 밤 11시가 넘으면 아마도 너무 늦었으니 내일 아침에 하자고 생각할 것이다. 이것을 그대로 남자의 연락에 적용시키자. 아무리 늦어도 10시 59분까지의 전화만 받아주자.

 밤 11시 이후의 전화는 받지 말라고 하면 어떤 분들은 11시 1분에 온 전화는 어떻게 할까 고민될 것이다. 이럴 때는 그냥 시간으로만 생각하자. 무조건 밤 11시 넘어서 오는 전화는 안 받는다고 생각하면 좋다. 친구든 가족이든 다 포함해서.

 대외적으로 밤 11시 이후의 전화는 안 받는 이미지를 만들어놓는 것도 도움이 된다. 물론 왜 전화를 안 받느냐고 묻는다면 가장 좋은 대답은 '잔다'이다. 자느라고 전화를 안 받았다는데 일어나서 받으라고 할 사람은 아무도 없다. 밤 11시는 웬만하면 누구나 자는 시간이다. 그렇다고 꼭 자라는 얘기는 아니다.

 잠이 들기까지 혼자만의 시간을 즐기도록 하자. 책을 읽어도 좋고 영화를 봐도 좋고 야간 운동도 좋다. 이렇게 되면 외부의 방해를 받지 않고 자신만의 시간을 쓸 수 있게 되고 잠도 더 잘 잔다. 괜히 밤중에 전화 받았다가 잠이 들지 못하거나 얘기하다가 늦게 자서 다음 날 나쁜 영향을 주는 일도 없을 것이다.

무엇보다 밤 11시 이후의 전화를 받지 않으면 '심심풀이' 남자들을 피할 수 있다. 심심풀이 남자들은 대부분 '술 먹고' 전화를 하는 패턴이 많다. 그 밤중에 '보고 싶다'라고 달콤하게 말하기도 한다. 그런 말 듣고 급만남을 위해 밤 외출을 해본 사람들도 있을 것이다.

밤에 남자들이 여자와 통화를 하면서 생각할 것이라고는 너무 뻔하다. 여자들에게 감수성이 예민한 시간이라면 남자들에겐 성적 본능이 예민한 시간일 수도 있다.

혹시 전화를 안 받으면 다시 연락이 안 올 것 같아 고민이라고? 걱정할 것 없다. 밤 11시에 전화를 안 받으면 누구나 일차적으로 '자는가 보다' 생각한다. 그렇다면 다시 그 사람이 받을 시간에 전화를 하려고 할 것이다. 대부분 이렇게 안 받은 전화는 다음 날 아침에 꼭 다시 걸려오게 되어 있다.

문자의 답도 이메일의 답장도 마찬가지다. 11시 이후에 오는 문자나 이메일은 다음 날 아침에 답하라. 만약에 데이트(첫 데이트 포함) 하고 인사 문자가 11시 넘어서 왔다면 그것도 다음 날 아침에 답하고 혹시 상대방이 물으면 '집에 돌아와서 바로 잤다'라고 하면 충분하다.

정말로 밤 11시 이후에 온 연락 중에서 바로 답해야 하는 건 '사고', '부음' 정도일 것이다. 그리고 혹시 남자들에게 밤 11시에 걸려온 전화를 받고 달려 나간다면 그 후에 어떤 일들이 벌어질까? 상상은 당신에게 맡기겠다.

침묵으로 왕자를 움직여라

약속으로
애정도를 판단하지 마

지금껏 살면서 약속 한 번 해보지 않고, 또 깨보지도 않은 사람이 있을까? 더구나 이성과 했던 약속들은 어쩌면 그리도 다양한지. "우리가 서른 살이 되었을 때 옆에 아무도 없으면 결혼하자." 이런 약속 한 번 안 해본 사람이 있을까. 서른 살이 되어서는 서로 그 약속을 기억하지 못하는 척하며 계속 서로의 심심풀이가 되어 시간만 보내는 경우도 허다하다.

남자에게 약속을 강요하기도 한다.

"담배 피우지 마, 약속해. 난 약속 어기는 사람이 제일 싫어."

처음 시작은 이렇다. 애교마저 섞인 이런 말을 거부하는 남자는 없다. 문제는 약속에 굴레를 씌운다는 것.

"그럼, 지금부터 담배 한 대라도 피우면 나랑 헤어지는 거다?"
이런 식으로 나오면 남자는 마지못해 말한다. "알았어. 노력할게"라고. (마지못해 말할 수밖에 없다. 그 자리에서 거절하는 것은 곧 가시밭길로 들어서는 일이란 걸 알기에.) 여자는 약속을 받아냈다고 생각하고 회심의 미소를 짓지만, 남자는 이 약속을 지키지 못한다. 남자가 다시 담배를 피운 것을 알았을 때 여자는 실망감에 눈물로 호소하기까지 한다.

"내가 무슨 선물을 해달란 것도 아니고, 자기 건강을 위해서 담배 하나 끊으란 건데 그것도 못해? 나와의 약속이 그렇게 우스워?"

정작 문제였던 담배 얘기는 사라진 지 오래, 새로운 문젯거리로 약속이 떠오른다.

"난 자기가 약속을 잘 지키는 사람인 줄 알았어. 그런데 아닌 거 같아. 신뢰가 깨진 마당에 더 만날 수 없어. 우리 헤어져."

혼자서 북 치고 장구 치는 난리법석의 절정이 바로 이 순간이다. <u>처음부터 약속을 만든 것도 여자였고, 약속을 못 지켰다고 불만을 토로한 것도 여자이며, 또 신뢰가 깨졌다며 헤어지자고 한 것도 여자다.</u>

여기서 연인끼리의 약속이란 것에 대해 다시 생각해볼 필요가 있다. 약속은 무조건 지켜야 하고 중요한 것이라는 생각에서 벗어나 우선 약속의 종류부터 살펴보자. 연인 사이의 약속은 대략 다음의 네 가지로 압축된다.

1. 데이트 약속

   예) 이번 주 토요일 다섯 시, 강남역에서 만나자.

2. 결혼 약속

   예) 우리 내년에 결혼하자.

3. 온갖 로맨스 약속

   예) 생일에 반지 사줄게. 내년에 사이판 가자. 같이 공원에서 산책하면 좋겠다 등등.

4. 생활 약속

   예) 집에 일찍 들어간다. 다른 여자 안 만난다. 꼭 전화 한다 등등.

　　여기서 체크해야 할 약속은 1번 하나뿐이다. 확실히 잡은 데이트 약속을 취소하거나 변경하지 않는지를 제대로 확인해야 한다. 1번이 지켜지지 않으면 애정도 없을뿐더러 사회생활도 제대로 못하는 사람이라고 생각하면 된다.
　　나머지 2번과 3번은 약속이라고 생각하지 말자. 이런 약속은 한마디로 여자를 기분 좋게 하는 말에 지나지 않는다. 약속 시간에 늦는 것엔 관대하면서 2번과 3번을 꼼꼼히 기억했다가 안 지키는 것을 체크해서 '약속 안 지키는 놈'으로 만들지 마라.

이건 약속에 포함되지도 않고 그저 기분 좋은 대화를 나누는 거라고 가볍게 생각하자.

그리고 4번. 이 4번이 가장 위험한 약속이다. 이 4번에 집착하게 되면 삽질녀, 철벽녀가 징징녀로 변하기까지 한다.

말로는 얼마든지 합리화할 수 있다. 우리 관계를 좋게 하기 위해서, 그 사람의 건강을 위해서 등 이유들도 가지가지. 그러나 결국 상대방이 원하지 않는 것은 아무리 좋은 것이라도 배려가 아니라 '폭력'이 될 수 있다.

많은 여자들이 4번의 약속을 스스로 정해놓고 남자가 지키지 않으면 잔소리를 한다. 잔소리를 하다가 지치면 나쁜 남자로 치부하며 이별을 고한다. "그게 그렇게 어려운 일이냐!"라는 한마디도 잊지 않고서! 착각하지 말자. 어려운 것과 하기 싫은 것은 전혀 다르다. 하기 싫은 일을 얼마나 억지로 하느냐는 애정도와 전혀 상관이 없다.

연인 사이에 유효한 약속은 '만나는 약속' 하나뿐이다. 이 약속이 제대로 쌓여야 연인도 되고 결혼도 하는 것이다. 그 외의 약속에 대해서는 마음의 여유를 가지고 생각하자.

"다음 세상에서 만나자"는 약속을 가슴에 품고 평생 혼자서 살 것이라고 생각하는 어리석은 일은 없어야 한다. 그런 약속보다는 "이번 주 토요일 다섯 시, 강남역에서 만나자"는 약속이 당신이 더 행복해지는 약속이다.

침묵으로 왕자를 움직여라

말 없는 남자
말하게 하기

　　　　　　　　남자와의 대화 때문에 고민하지 않는
여자가 있을까? 말을 시키려고 이런저런 대화를 시도해보지만
역시 원하는 만큼의 대화는 이루어지지 않는다. 남자는 원래
말수가 없다며 어쩔 수 없다는 결론에 이르는 게 보통이다.
　　말 없는 남자의 입을 여는 법, 아주 간단하다. 남자친구보
다 말을 적게 하면 된다. 더군다나 당신이 말을 적게 하는 것이
남자에게는 상당히 도움이 된다. 들은 정보가 적은 만큼 기억하
기도 쉬우니까. 왜 내 말을 기억하지 못하느냐고 징징거릴 일도
사라진다.
　　남자에게 1년간의 스케줄을 한꺼번에 다 얘기하는 여자노
있다. 1월에는 신정이니까 뭘 하고, 2월에는 설이 있으니까 뭘

하고, 5월에는 날씨가 좋으니 여행을 가고, 여름휴가 땐 제주도에 가면 좋겠고, 크리스마스엔 둘만의 시간을 보내면 좋겠다고. 과연 이것들을 남자가 전부 기억할 수 있을까? 천만의 말씀.

남자에게 자신의 말을 기억시키고 싶다면 간단하게 말하자. 예를 들어 워크숍을 간다고 했을 때 "다음 주에 회사에서 워크숍을 가는데, 회사 전체가 가는 건 아니고 우리 팀만 가. 아침 아홉 시에 강남역에 모이기로 했어. 근데 차를 갖고 갈지 말지 모르겠네. 오는 건 그 다음 날 저녁 열 시쯤일 것 같은데, 나 데리러 올 수 있어?"라고 이야기하면 남자는 뭐가 핵심인지 모른다.

용건만 얘기하는 것이 포인트! 상대가 알고 싶어 하는 정보는 직접 물어보도록 만들면 된다.

"다음 주에 회사에서 워크숍 가."

만약 남자가 더 묻지 않으면 대화는 여기서 끝내면 된다. 그런데 남자가 당신에게 관심이 있다면 물을 것이다.

"어디로 가?"

"강원도."

"멀리 가네. 언제 와?"

"다음 날 열 시쯤."

"늦네. 내가 데리러 갈까?"

이렇게 간단한 한마디로 시작해도 남자가 당신을 마중 나오는 결론까지 얻을 수 있다. 처음부터 한꺼번에 다 얘기해버리면 남자의 입장에서는 무엇을 해야 할지 당황스럽기만 할 뿐이다.

이렇게 용건만 간단히 이야기하는 것은 여자가 원하는 것을 남자가 알아서 찾도록 해주기도 한다. 음식점을 찾는 대화를 예로 들어보자. (이것은 단지 예일 뿐이다. 음식점 하나를 찾는데 이렇게 오래 대화하라는 뜻이 아니다.)

"뭐 먹고 싶어?"라고 남자가 물었을 때 잘 대답해야 한다는 생각에 "평소에 친구들이랑은 스파게티 자주 먹는데, 네가 싫다면 다른 거 먹어도 돼. 오늘은 좀 더우니까 냉면 먹을까?" 이렇게 대답하지 말자. 남자는 당신이 스파게티를 좋아하는지 냉면을 좋아하는지 도무지 알 수 없어 당황할 것이다.

대화를 바꿔보자.

"뭐 먹고 싶어?"라고 남자가 묻는다.

"글쎄, 잘 모르겠네" 정도로만 대답하자.

"그럼 한식? 양식? 중식?"

"한식?"

"한식 중에서 뭐가 좋은데?"

"날이 더워서 그런가, 딱히 생각나는 게 없네."

"그럼, 냉면 어때?"

원하는 메뉴를 남자가 이야기하면 그때 환하게 웃으며 "어머! 나 그거 먹고 싶었는데. 먹으러 가자!"라고 반응을 해주면 된다.

　이때 남자는 여자가 더운 날에 냉면 먹는 것을 좋아한다는 것을 기억하게 된다. 이렇게 여자에 대해서 하나하나 기억하게 되면 남자는 여자를 위해서 무엇인가를 하는 것이 어렵지 않다고 여기게 된다.

　여자들은 수다 떠는 걸 좋아한다. 수다는 주변 친구들, 가족들과 하자. 그리고 남자에게는 늘 용건과 핵심만 알려주자. 남자는 영원히 여자에게 말을 걸려 하고 자신이 더 많은 말을 해서 여자가 말하게 하려 할 것이다. 더 이상 남자가 왜 말이 없는지 고민할 필요가 없다.

남자에게 절대 먼저
연락할 필요 없는 25가지 상황

1. 아침에 눈을 떴는데 몸이 나른하다. (그의 목소리를 들으면 힘이 날 것 같다.)

   혼자 일어나자.

2. 출근하는데 차가 막힌다. (답답한 마음을 그에게 전하고 싶다.)

   그런다고 길이 뚫리지 않는다.

3. 하루의 일과를 시작하기 전. (그에게 힘내라고 말하고 싶다.)

   일이나 빨리 시작하시길.

4. 점심때. (점심을 맛있게 먹으라고 인사하고 하고 싶다.)

   빨리 식당이나 찾자.

5. 점심을 먹고 나서. (뭐 먹었냐고 물어보고 싶다.)

   당신은 그의 전속 영양사가 아니다.

6. 오후에 졸려서. (졸리니까 문자라도 보낸다고 말하고 싶다.)

   찬물 마시고 잠이나 깨자.

7. 상사에게 깨졌을 때. (잘못한 것도 없는데 깨져서 억울하다고 말하고 싶다.)

   그는 노동청 직원이 아니다.

8. 퇴근 전. (오늘 친구들과 약속이 있다고 보고하고 싶다.)

일일 업무일지를 그에게 보낼 필요가 없다.

9. 친구를 기다리면서. (친구가 늦어서 짜증난다고 말하고 싶다.)

당신의 친구가 늦는 걸 그가 어쩌겠나.

10. 친구랑 술 마시면서. (술을 마시니 기분이 좋아졌다고 말하고 싶다.)

좋은 기분으로 친구와 좀 더 대화하자.

11. 친구와 헤어지고 나서. (이제 집에 가니 안심하라고 말하고 싶다.)

늦었는데 빨리 집에 가시길.

12. 집에 들어와서. (이제 도착했으니 걱정하지 말라고 말하고 싶다.)

빨리 씻고 주무시길.

13. 자기 전. (자기 전에 그의 목소리를 듣지 않으면 잠이 안 올 것 같다.)

라디오 디제이의 목소리와 친해지자.

14. 텔레비전을 보다가. (너무 재미있는 유머라서 그에게 그대로 전해주고 싶다.)

그도 이미 알고 있을지도.

15. 친구가 남자친구에게 선물 받았다는 얘기를 들었다. (다른 남자의 예를 알려주고 싶다.)

알려줘도 같은 선물은 못 받는다.

16. 엄마가 결혼하라고 구박할 때. (자신이 결혼 적령기라는 걸 은근히 암시하고 싶다.)

집안 문제를 그에게 얘기할 필요가 있을까?

17. 길 가다가 넘어져서. (창피하고 아픈 걸 그에게 처음 말하고 싶다.)

그는 들어주기밖에 할 수 없다. 빨리 약 바르자.

18. 감동적인 영화를 보고 나서. (그와 감동을 나누고 싶다.)

그 시간, 그는 야동에 감동하고 있을지 모른다.

19. 길 가다가 희한한 사람을 발견하고 사진을 찍었을 때. (세상에 이런 놀라운 사람도 있다는 걸 그에게 처음 알려주고 싶다.)

나중에 사진을 보여주면서 말해도 늦지 않다.

20. 마음에 와 닿는 노래 가사를 발견했다. (분명히 그 사람도 좋아할 거라는 마음으로!)

과거의 여자친구를 떠올리게 하는 노래라면?

21. 이번 주말에 그가 뭘 할지 궁금하다. (나랑 만나자고 하고 싶다.)

당신을 만나고 싶으면 진작 물어봤다.

22. 요즘 내가 너무 소홀했다는 생각에. (전화를 하면 기뻐할 것 같다.)

갑자기 기쁜 척하느라 당황할지도.

23. 지나가다 그에게 잘 어울릴 것 같은 옷을 발견했다. (내가 이렇게 당신 생각에 가득 차 있다고 말해주고 싶다.)

옷은 보이지 않고 당신의 붕 뜬 목소리만 전달될 뿐.

24. 나더러 전화하라고 했다. (약속은 지키는 여자라는 걸 보여주고 싶다.)

아직도 모르겠는가? 안 하면 오는 게 전화다.

25. 이외의 모든 경우. (예외도 있으니 내가 먼저 전화할 수 있다.)

남자가 전화하기 싫다는 말을 차마 못하는 걸지도.

징징녀는 어떻게 변화하였는가?

레드벨벳의 체험기

나를 헷갈리게 하는 남자에게
휘둘리지 않게 되었다

단언컨대, 제 인생은 인공카를 만나기 전과 후로 나뉩니다. 인공카를 만난 것은 20대 중반, 한창 연애의 바다에서 허우적대던 때였습니다. 그 당시 제 인생 최대의 고민은 이것이었습니다.

'연애가 시작되고 1~2개월 동안은 매일매일이 남자 때문에 행복한데, 그 시기만 지나면 왜 남자들은 연락 횟수가 현저하게 줄어들고 나에 대한 관심이 식는 걸까?'

연애를 모르던 시절에는 그렇게 평온하고 순탄하던 내 삶이, 남자가 끼어든 이후로 이토록 복잡하고 힘들 수가 없었습니다. 잘못된 연애 패턴이 똑같이 되풀이되자, 문득 정말 궁금해졌습니다. 도대체 내가 뭘 잘못하고 있길래 항상 남자 때문에 걱정과 불안을 안고 살아가야 하는가? 그 물음이 저를 인공카로 데려와 주었어요.

피오나 님의 책과 인공카는 말 그대로 신세계였습니다. 저는 책과 인공카의 조언을 스펀지처럼 흡수했고 곧바로 실천에 옮겼습니다. 제가 달라지는 순간이었습니다. 변화의 시작은 '나에게 관심과 애정이 없는 남자를 내 인생에 끌어들이지 않기'였어요. 생각해보면 남자 때문에 힘든 이유는, 나를 헷갈리게 하는 남자 때문에 밤낮 고민하고, 나에게 별로 관심 없는 남자에게 용기 내어 먼저 고백하거나 혹은 남자의 가벼운 고백에 쉽게 넘어가주고, 처음부터 나에게 별로 애정이 없는 남자와 사귀면서 더 많은 관심과 애정을 바랐기 때문이었습니다.

인공카를 만난 후부터 나는 '정말로 나에게 관심이 있는 남자'가 아니면 쳐다보지도 않게 되었어요. 확실한 고백 없이 나를 헷갈리게 만드는 '심남' 또는 나에 대한 애정이 정말 있는 건지 의구심이 들게 만드는 남자친구에 대한 고민이 사라지니, 일상이 그렇게 평온하고 가뿐해질 수 없었습니다. 남자에 대한 태도 하나만 바꿨을 뿐인데 내 인생에 드리워져 있던 먹구름이 싹 걷힌 기분이었죠.

그럼, 나에게 정말 관심 있는 남자와 아닌 남자를 어떻게 구분하냐고요? 그건 인공카를 만나면 너무나 명확해집니다. 그리고 나쁜 남자들이 없어진 인생의 여유 공간에는 진짜 사랑받는 느낌이 어떤 것인지 깨닫게 해줄 행복한 연애의 기회로 채워질 거예요. 제가 그랬던 것처럼.

징징녀는 어떻게 변화하였는가?

달이의 체험기

걸핏하면 '열폭'하던
연애 패턴에서 벗어났어요

연애를 하면서 느껴지는 나만의 연애 패턴이 있다면? 매번 다른 남자를 만나더라도 비슷한 이유와 생각으로 만남과 헤어짐을 반복하고 있다면?

그것은 외부 요인이 아니라 내부 요인 때문이라고 생각합니다. 즉, 그 원인도 해결주체도 '나'라는 이야기에요.

〈인어 공주가 다른 남자를 만났다면〉을 읽고, 나는 어떤 유형의 연애 심리를 가진 여자인지 알게 되었습니다. 나에게 어떤 행위를 하지 않는 남자에 대한 원망으로 끝나는 1차원적인 생각에서 벗어나 '나는 왜 남자가 나에게 그것을 해주기 원하는가?'에 대한 것을 곰곰이 생각해보게 되었습니다. 그리고 남자에 대한 원망이 아닌 나의 태도와 관점이 어디서부터 달라져야 할지를 고민해보기 시작했습니다.

나는 어떤 것을 원하고, 왜 원하고, 어떻게 그것을 성취할 것인지 혹은 성취하지 못하였을 때 얻는 감정과 미련에 대해 어떻게 대처할 것인가에 대해 고민하는 시간을 가지게 되면서 흔히들 말하는 '열폭'이 줄어들게 되었습니다. 제가 통제할 수 없는 변수에 대해 고민하는 것이 아니라 나를 다스리기 위한 시간을 가지면서 저절로 나를 사랑하는 방법에 대해 생각하기 시작했습니다.

　나를 사랑하기 위해서 부족한 나를 인정하고 돌보게 되자 자연스레 나를 함부로 대하거나 불쾌감을 주는 남자는 애써 만날 필요가 없어졌어요. 아예 그런 남자를 만날 생각이 들지 않았지요.

　정말 나를 사랑해주는 한 사람을 찾아야겠다는 생각이 확고해졌습니다. 나에게 애정이 없는 남자에게 좀 더 많은 애정을 받으려고 애쓰는 시간을 없애고, 대신 그 시간을 나에게 쏟으며 좀 더 행복한 나의 삶을 유지하기 위해 노력 중입니다. 스스로를 대하는 태도를 바꾸려고 노력하자 저를 소중히 여겨주는 주변 사람들이 더 많아졌습니다. 이런 노력을 지속하게 해주는 인공카가 있어 얼마나 다행인지! 인공카를 만나 좀 더 행복한 나의 모습으로 살아갈 수 있어 기쁩니다.

인어공주
구제
프로젝트

데이트
····

4

왕자는 아직
네게 반하지 않았다

왕자는 아직 네게 반하지 않았다

○ ○ ○ ○

첫 만남 전에
알아두어야 할 것들

　　우리는 어떤 사람을 만날 때 그 사람의 얼굴을 처음 대면했을 때를 생각한다. 그러나 과연 진짜 그것이 만남의 시작이었는지 물어본다면 그렇지 않은 경우가 많다.
　　소개팅의 경우에는 일단 그 사람에 대한 프로필이나 주선자의 소개 경위를 듣게 된다. 그 후에는 전화번호가 교환되고 상대방에게서 연락이 온다. 연락 중에 만나자는 약속을 정하고 만나게 된다. 이렇게 만남 전에도 은근히 과정이 길다.
　　인터넷 매칭이라면 상대방의 프로필과 사진을 보고 그 후가 진행된다. 남자를 바로 실물로 보게 되는 미팅파티는 첫 만남 자체가 만남이다. 그렇지만 이런 만남도 진짜 첫 데이트 이전의 만남이라고 볼 수 있다.

인어공주가
다른 남자를 만났다면

첫째, 사진으로 판단하라.

정말 강조하는 부분인데 아직 잘 인지하지 못하거나 혹은 오해하시는 분들이 있는 것 같아 다시 정리한다. 우선 자신의 사진은 잘 찍어야 한다는 것은 이미 다 알고 있으리라고 생각한다. 사람들은 어떤 사람에 대해 실물보다 사진을 볼 확률이 더 높다. 쉽게 나를 생각해봐도 나를 직접 본 사람보다 사진으로 본 사람들이 많을 것이다. 내가 작가이고 대중 활동을 해서가 아니다.

보통 사람들도 페이스북이나 미니홈피 등에 자기 사진을 올린다면 혹은 친구가 내 사진을 올린다면 친구의 친구들은 어쩌면 평생 실물인 나를 못 보고 사진만 보게 될 것이다. 그러므로 사진은 정말 중요하다.

여기서 중요한 포인트는 내 사진만이 아니다. 남자의 사진을 봐야 한다. 남자의 외모를 보자는 것이 아니라 사진을 보고 심하게 거부감이 드는 경우가 있다. 이 경우에는 만나지 않는 것이 좋다. 물론 사진만 보고 남자에게 호감을 느끼는 것도 위험하지만 심하게 거부감이 든다면 억지로 만날 필요는 없다.

꼭 얼굴만이 아닐 것이다. 어쩌다 사진에 팔이 나왔는데 팔에 문신이 있어 그걸 보고 거부감이 든다면 만나지 않아도 된다. 사진을 요구했는데 안 보내주는 남자도 만나지 말라. 그런 남자라면 심한 신체적 문제가 있거나 혹은 아직 여자를 만날 마음의 준비가 되지 않은 사람이다.

내가 사진을 강조하는 이유는 사진을 잘 찍어야 한다는 것보다는 첫 만남 전에 판단하는 아주 큰 도구가 되기 때문에 사진이란 '개념'을 강조하는 것이다.

둘째, 만남의 과정도 만남의 시작이다.

우선 전화번호를 교환하고 통화를 하게 될 것이다. 이때 가장 먼저 체크할 것은 약속을 정하느냐 마느냐일 것이다. 첫 통화에서 약속을 정하지 않았다면 더 이상 연락도 안 하고 안 만나도 된다고 생각한다.

다른 칼럼에서는 4번 정도 연락이 올 때까지 만나자는 말이 없다면 아웃하라고 했는데 그건 메일이나 쪽지의 형태다. 물론 전화통화도 4번까지 약속을 정하는지 아닌지 볼 수 있겠지만 4번도 길다고 생각한다. 이런 경우가 있을 수 있다. '아직 주말 스케줄이 애매하니 내일 다시 통화하죠'라고 할 수도 있다. 그랬다면 다음 통화에서 말 그대로 지켜야 한다.

이 과정에서 혼란스러울 수 있다. 연락 법칙인 '먼저 연락 안 하기, 1/3 받기, 용건만 간단히'를 얼마나 지켜야 하는가 고민이 될 것이다.

만약 약속을 정확히 정한다면 1/3 받기는 하지 않아도 된다. 약속 정하는 데 1/3을 법칙을 적용한다며 일부러 전화를 안 받을 필요는 없다. 1/3 받기는 2번은 받지 말고 1번 받으라는 얘기가 아니다. 용건 전화가 아닌 감정 전화에 대해서 굳이 받지 않아도 된다는 뜻이다. 용건 전화는 꼬박꼬박 받아도 괜찮다. 물론 밤 11시 이후와 업무 시간을 제외하고 받아야겠지만.

어쨌든 이때 연락이 안 된다고 언급하는 건 괜찮지만 짜증 내거나 훈계하듯 말한다면 안 만나도 된다. 왜냐하면 본인의 경우를 생각해보면 간단하다. 만약에 괜찮고 만나보고 싶은 여자라는 생각이 든다면 어쨌든 상대방에게 잘 보이려고 노력할 것이다. 따라서 상대방이 싫어할지도 모르는 행동은 하지 않을 것이다. 그런 상황에서 상대방에게 싫은 눈치를 주는 것은 상대방이 싫거나 원래 성격이 그렇다고 볼 수밖에 없다. 그러니 약속을 정하는 과정에서 무언가 좋지 않은 성격적인 면이 드러나면 만남 취소를 불사해야 한다.

셋째, 약속 확인이 없다면?

정말 이 부분은 나도 예전에 많이 고민했었고 지금도 많은 분들이 고민을 하는 것 같다. 내일 만남인데 오늘 저녁까지 컨펌이 없거나 당일 아침까지 컨펌이 없으면 상당히 불안하고 약속에 나가야 할 것인가 말아야 할 것인가 고민되는 게 사실이다.

그럴 때 이런 생각도 떠오를 것이다. '세상의 모든 만남에 나가라'고 했으니 억지로라도 나가야 하나 싶을 것이다.

약속 컨펌은 일부러 약속 컨펌이라고 말해서 그렇지 사실 자연스러운 과정이다. 내일이 소풍 가는 날이라고 하면 전날 설레어 잠도 안 올 것이고 가지고 갈 물건들은 잘 챙겼는지 혹은 날씨가 어떤지 자꾸 체크하게 된다. 그런 마음에서 하게 되는 게 약속 컨펌이라고 생각한다.

어떤 매칭 사이트에서는 매니저가 남자들에게 미리 여자에게 연락을 하지 말라고 한다고 한다. 그렇다면 약속을 누가 잡은 것인지를 기준으로 판단하면 된다. 만나기 전까지는 전부 다 매니저가 진행한다면 약속 컨펌이 없어도 되겠지만 남자와 통화해서 약속을 정했는데 컨펌이 없다면 뭔가 석연찮다.

넷째, 첫 만남 지각을 어떻게 볼까?

약속 컨펌까지 얘기했고 첫 만남 직전이니 첫 만남 지각에 대해서도 살펴보자. 물론 사람이 살다 보면 늦을 수 있다. 그래서 지각 그 자체보다는 내가 충분히 납득이 되는 상황인지 생각해보면 된다.

아무 말 없이 약속 장소에 30분 늦게 나타났다. 이 경우는 바로 아웃이라고 생각하면 된다. 하지만 도착 전에 교통 상황 등에 대해 얘기하고 양해를 구했다면 괜찮다고 생각한다. 그런데 이유도 문제가 되겠지만 내 개인적으로는 교통 상황 빼고는 이해가 되는 게 없다. 이것도 소풍 전날과 같은 원리라고 본다.

오늘 만남에 대해 신경 쓰이거나 설렌다면 생각보다 일찍 준비하고 일찍 나올 것이다.

약속 컨펌 잘 하고 시간 잘 맞추는 남자가 좋으면 이 부분을 고려해서 만나면 되고 어차피 나도 게으르고 시간 약속 못 지키니 그런 사람도 상관없다면 그런 사람 만나면 된다. 대신 그렇게 수용해서 벌어지는 일들도 수용해야 한다. 같이 살다 보면 기차 시간에 늦어서 시간과 돈을 날릴 일도 있을지 모르니까 말이다.

마지막으로 이 모든 상황을 요약해서 '선택은 개인의 몫이다'라고 말하고 싶다. <u>내가 연애하고 결혼할 남자다. 그런 남자라면 어떤 시작이 좋을까? 아니면 시작부터 나쁜 것이 좋을까?</u> 이왕이면 시작이 좋은 게 좋을 거라는 생각이 든다.

물론 많은 분들이 드라마도 보고 주변 사람들의 얘기를 통해 '처음엔 별로였다가 좋아진 사람'에 대해서 얘기를 할 것이다. 그들이 별로였다는 게 어느 정도 별로였는지, 외모인지 행동인지에 따라 다르다. 만약에 남자가 말도 없이 지각을 했는데 외모가 괜찮았다고 하자. 그럴 경우에도 별로였다가 좋다고 할 수 있을 것이다. 하지만 과연 결론은 어땠을까?

시작이 나쁜 경우는 연애가 오래 지속하기 힘든 경우가 많다. 사람들은 무의식적으로 처음의 기억을 갖고 있으니까. 그래서 나는 이왕이면 자신이 연애하고 결혼할 사람이라면, 좋은 시작을 욕심 내고 싶다면 위에서 말한 것들도 지켜볼 필요가 있다고 생각한다.

　최소한 위의 것들을 염두에 둔다면 사진 안 보고 만났다가 실망할 일도 없고 약속 컨펌 안 한다고 생각했는데 그 후로 쭉 만나면서 약속 컨펌을 안 해서 일이 꼬이는 일도 없을 거고 시간을 안 지키는 게 딱 하나의 단점이라며 부모님 생신 잔치에 늦게 나타나기, 아이의 졸업식에 지각하기 등을 가지고 골치 아프게 생각할 일이 없을 것이다.

　세상의 모든 만남에 나가라는 것은 '아닌 남자'를 만나라는 말이 아니다. 가능성이 있는 남자를 많이 만나라는 얘기다. 그리고 또 '세상의 모든 만남'은 남자를 만나면서 자신이 가진 가치관이 얼마나 협소했는지 또 자신이 생각하는 기준이 또 얼마나 엉뚱한지 그것을 깨달아가는 과정이라고 생각한다.

　연애 상담을 하게 되면 상담을 할 때만이 상담이 아니라 '상담을 하고 싶다'라고 연락할 때부터 상담 과정이라고 보는 견해가 있다. 나도 이 생각에 동의한다. 남자를 만나는 것도 첫 만남부터가 아니라 '만나고 싶다'고 연락할 때부터 만남의 시작이다.

왕자는 아직 네게 반하지 않았다   ○ ○ ○ ○

애프터 신청을
받았다고
흔들리면 안 돼

　　　　　소개로 남자를 만났고, 그 자리에서 애프터 신청을 받아 다음 주 주말에 다시 만나기로 약속했다. 그렇다면 다음 주 주말까지 그 남자에게 어떻게 대해야 할까? 두 번째 만남을 약속했다는 건 사귀는 것이나 마찬가지인 것이니까 매일매일 안부 문자라도 주고받아야 할까? 다시 만날 때까지 좀 더 친해지기 위해 매일매일 전화를 해야 할까?

　　지금 그 남자에게 연락하기 위해 휴대폰을 들었다면 다시 내려두시길. 두 번째 만남을 위한 약속은 분명 좋은 신호이긴 하지만 아직은 그저 '두 번째 만남'일 뿐이다. 처음 출근하던 때, 처음 등교하던 때를 생각해보자. 옆자리의 동료, 옆자리의 친구를 첫날 처음 보고 다음 날 다시 보았을 때, 마음이 얼마나 깊어졌는지. 아마도 첫날의 어색함이 남아 있을 것이다. 두 번째 데이트란 그런 것이다. 첫 번째 데이트의 연장선에 있을 뿐, 아직은 서로에 대해서 잘 모르는 상태다.

두 번째 데이트를 하는 날까지 당신은 남자에게서 완전히 사라지는 게 좋다. 만남과 만남 사이를 메우려는 노력은 전혀 할 필요 없다. 오히려 만남과 만남 사이를 떼어놓는 것이 좋다. 다시 만나기로 한 날까지 연락하지 않는 남자도 있고 반대로 매일 안부 문자를 보내는 남자도 있다. 혹은 주중에 약속 확인 겸 한 번 정도 연락하는 남자도 있다. 여기서 중요한 것은 두 번째 만남까지 당신은 처음 만날 때의 마음가짐을 유지해야 한다는 사실이다. 먼저 연락하지도 말고 문자는 데이트 약속을 정하는 것에만 대답해주면 된다. 당신의 정보에 대해선 남자에게 아무것도 알려주지 말 것.

그런데 보통 이와는 반대로 행동하는 여자들이 더 많다. 다음 약속까지 조금 더 좋은 분위기를 만들기 위해 아침저녁으로 안부 문자를 보낸다. 혹은 "전 출근했어요. 좋은 하루 보내세요", "오늘 하루 잘 보내셨어요? 안녕히 주무세요"라며 자신이 하루하루 뭘 하는지 알려주는 친절한 문자를 보내기도 한다. 이러지 말자.

첫 데이트 후에 당신이 어떤 일상을 보냈는지, 어떤 마음인지 남자가 아무것도 모르는 상태에서 두 번째 데이트를 하자. 그래야 남자는 당신에게 관심을 갖고 또 이것저것 묻게 된다. 그리고 세 번째 데이트를 신청할 것이다. 그가 당신에게 호기심을 느끼고 궁금해하기도 전에 미리 주절주절 다 말해버리면 다시 만났을 때 대화거리도 없을뿐더러 그나마 '처음이라서' 가지게 되는 설렘과 호감마저 사라질지 모른다.

두 번째 데이트와 세 번째 데이트 사이 또한 고비다. 이때도 역시 당신은 남자에게 가까워졌다는 느낌을 주지 않도록 행동해야 한다. 남자로부터 연락이 자주 오지 않는다고 고민할 필요도 없다. 남자가 매일 연락을 하든, 또 약속 날까지 아예 연락을 하지 않든 신경 쓰지 말자. 아무리 남자에게서 연락이 많이 온다고 해도 하루에 한 번 정도만 답을 해주면 된다. 또한 그 남자에게 호감이 있다면 그가 미리 신청하는 데이트는 피치 못할 사정이 아니라면 거절하지 않는 게 좋다.

<mark>만남과 만남 사이를 연락 등으로 메우지 말고 떨어뜨려놓자. 당신이 호감은 가지고 있으나 아직 남자에게 푹 빠진 상태는 아니라는 것을 남자가 느끼도록 말이다.</mark> 이 시기야말로 남자가 당신에게 호감을 느끼고 여러 가지 고민을 하면서 노력을 하려는 의지가 가장 충만한 시기다. 그런 시기에 남자가 충분히 노력을 하게 하자.

남자에게 그런 노력을 하게 하려면 첫 번째, 두 번째, 세

번째 만날 때까지는 만남의 사이를 메우기 위해 당신이 노력해서는 안 된다. 이렇게 하면 적어도 3주의 시간이 흘러갈 것이고 그동안 남자는 당신에 대해서 많은 생각을 할 것이다. 당신에게 고백할지도 모르는 일. 그에게 준비를 위한 시간을 주자.

왕자는 아직 네게 반하지 않았다

○ ○ ○ ○

애인도
수습기간이 필요해

첫 만남에서 호감을 느꼈지만 어떻게 될지 몰라 마음 졸이던 날들이 지나, 드디어 남자가 정식으로 사귀자는 말을 했거나 아니면 이제 연인이란 생각이 들 때가 있다. 바로 그 순간부터 여자는 애인들이 할 수 있는 모든 일들을 머릿속에 그리기 시작한다.

우선 남자가 무엇을 먹는지 챙기고 남자의 건강을 위해서 금연을 시킨다. 또 술도 적당히 먹도록 해야겠다는 일상생활의 관리부터 같이 영화도 보러 가고 청계천 산책도 하고 주말이면 교외로 놀러 가고 놀이공원에도 가고 친구 모임에도 같이 나가야 한다는 온갖 일들까지, 지금까지 애인이 생기면 하겠다고 생각했던 일들을 바로 실행에 옮기려고 한다.

그러나 잠깐, 여기서 다시 한 번 생각해야 할 일이 있다. 바로 '애인 수습기간'이다. 회사에 들어가면 수습기간으로 3개월 정도 두는 것이 보통이다. 회사에 따라서는 정직원에 비해 월급이 적거나 휴가도 없다. 그러나 정사원이 될 확률은 아주 높아서 특별한 일이 없는 한 잘릴 위험은 없다. 바로 이런 것과 같은 맥락에서 '애인 수습기간'이 필요하다.

애인이 되기로 한 날부터 갑자기 태도를 바꾸는 것은 좋지 않다. 당신은 여전히 먼저 연락하지 않으며 용건만 간단히 말하고 일주일에 한 번 정도 데이트를 즐긴다. 만나서는 여전히 상냥하고 즐거운 태도를 보일 것. 달라진 것이라면 스킨십에서 조금 진도가 나간 정도다. 당분간은 경계심을 늦추지 않는 것이 좋다.

물론 남자 쪽에서 여러 가지 데이트 계획을 짜올 것이다. 영화를 보러 가거나 놀이공원을 가거나 여행을 가거나. 당신의 스케줄과 어긋나지 않는다면 데이트는 얼마든지 하자. 다만 마음속으로 애인 수습기간을 두는 것이다. 당신이 먼저 '애인이라면 이런 것을 해야 해'라고 정하지 말고 남자가 하는 대로 맞춰주자. 일부러 심각한 대화를 나눌 필요도 없다. 주변의 일상적인 얘기와 관심사 등 가벼운 주제면 충분하다. <u>꾸준히 이어지는 이런 데이트가 3개월 정도 지났을 때 진정한 애인이 되었다고 생각하자.</u>

애인이 되기도 전에 남자들이 보내는 수많은 신호에 대해서 고민하고, 또 애인이 된 후라도 연애 초기 남자들의 태도에 대해 고민하는 여자들이 많다. 이런 고민들 중 대부분은 자신이 세워놓은 '애인이라면 이 정도는'의 기준에서 벗어나기 때문에 생긴다. 이 기준은 자기 스스로 세운 것이다. 남자가 생각하는 것은 또 다를 수 있다는 걸 알아야 한다.

연애 수습기간은 바로 이런 서로의 기준을 맞춰가는 시기다. 바로 이 기간에 남자의 태도나 행동을 잘 관찰해보자. 그리고 3개월이 지나 진짜로 애인관계가 되었음을 받아들이면 된다. 물론 도중이라도 얼마든지 헤어질 수 있다. 두 사람의 관계는 자신이 얼마든지 컨트롤할 수 있어야 한다.

왕자는 아직 네게 반하지 않았다   ○ ○ ○ ○

굳건한 그의 마음을
확인하고 싶다

사실 이 방법은 인내심이 없다면 당신이 자멸할 수도 있는 위험성이 큰 방법이므로 웬만해서는 시도하지 않기를 바란다. 그러나 이 방법이 먹힌다면 아주 굳건한 남자의 사랑을 확인할 수 있을 것이다. 이른바 '초기 잠수'다.

흔히 '잠수 탄다'는 표현을 쓴다. 좀 더 심한 표현으로는 '행방불명'이라는 표현도 있다. 남자와 어느 날 갑자기 연락이 안 되고 또 남자가 어디에 있는지도 모르는 그런 상황을 한 번쯤은 겪어봤을 것이다. 바로 이 잠수를 잘 이용해보자는 것이다.

어쩌면 자연스럽게 이런 잠수를 경험한 사람도 있을 것이다. 예를 들어 초기에 한두 번 만난 사이인데, 갑자기 회사를 옮기거나 여행을 가거나 중요한 시험이 있거나 아니면 집안에 일이 있어서 본의 아니게 남자에게 연락을 못한 경우. 몇 번 안 만난 남자인 데다가 연락도 못했으니 이제 더 만날 일은 없을 거라고 생각했는데 의외로 그에게서 만나자는 연락이 오는 것!

이 방법을 만남의 초기에 응용할 수 있다. 어떤 계기로든 첫 데이트를 했다 하자. 남자가 당신에게 아주 많은 관심을 보였고 두 번째 데이트를 요청했다. 그리고 다시 세 번째 데이트를 요청한다. 이러는 동안 약 한 달 정도가 흘러갈 것이다.

이때가 바로 적절한 타이밍! 남자가 자신에게 마음이 있는지 없는지에 대한 확신은 중요치 않다. 이것은 어디까지나 도박이다. 남자가 당신에게 마음이 있다면 당신이 잠수를 타더라도 끌어내려고 할 것이다.

방법은 간단하다. 그냥 '어느 날 갑자기' 사라지면 된다. 아무 때라도 괜찮다. 데이트를 끝내고 안부 인사에 대답까지 잘해주고 그 다음 날부터 연락을 하지 않든, 아니면 아무렇지도 않게 문자를 주고받다가 갑자기 연락을 멈추든 상관없다. 그러니까 평소와 다름없이 연락을 하다가 갑자기 연락이 안 되는 상황을 연출하는 것이다.

이때 중요한 점은 남자에게 당신의 스케줄 같은 것을 미리 말해서는 안 된다는 것. 아마도 만남 초기이니 남자는 당신의 스케줄에 대해 그렇게 자세히 알지는 못할 것이다. 스케줄을 말하지 않는 것이 남자의 궁금증을 유발하는 데 더 도움이 된다.

연락이 잘 되다가 갑자기 답이 없는 것을 느낀 남자는 굉장히 당황스러울 것이다. 하지만 처음엔 티를 내지 않고 연락을 해올 것이다. 그런데도 답이 없다면 걱정하는 문자를 보내거나 음성 메시지를 남길 수도 있다.

그러다가 남자는 아주 진지한 메일이나 문자를 보낼 것이다. 당신이 반응해야 하는 순간은 바로 이때!

남자가 "난 우리 사이를 조금 더 발전시키고 싶다", "넌 나에게 소중한 사람이라고 생각한다. 연락 줘", "꼭 다시 만나고 싶어", 혹은 "만난 지 얼마 안 됐지만 널 좋아하는 것 같아"라며 자신의 마음을 이야기하는 순간, 아무렇지도 않게 대답을 한다.

대답은 몇 가지를 준비해놓는다.

"잠시 여행 좀 다녀왔어요. 그냥 머리 식히려고 말 안 하고 다녀온 거예요"도 좋고, 너무 뻔하긴 하지만 "휴대폰을 잃어버렸다가 이제야 찾았어요. 연락하신 걸 이제야 봤네요"도 괜찮다.

단지 이런 행동이 의도적인 것이고 일부러 연락을 받지 않은 거라는 걸 알려선 안 된다.

그러다가 나중에 사실은 여행을 간 것도 아니고 휴대폰을 잃어버린 것도 아니었다는 걸 남자가 알게 된다면 어쩌냐고? 그때는 아주 진지한 얼굴로 이렇게 말하자.

"미안한데, 그냥 마음 정리할 일이 있어서 누구하고도 연락을 안 했던 거야"라고. 그것을 가지고 따질 남자는 없다. 하지만 이런 말은 잠수에서 나온 뒤 바로 해서는 절대 안 된다. 부정적인 이미지를 주기 때문이다.

이 방법은 위험하긴 하지만 잠수를 하는 동안 남자가 얼마나 당신에게 관심을 가지고 있었는지 알 수 있는 확실한 방법이다. 게다가 남자에게 '언제 떠날지 모르는 여자!'라는 인식을 주어 남자 쪽에서 더 자주 연락하고 만나려 들게 된다.

잠수를 타다가 정말로 헤어지는 경우도 있다. 그러나 남자 쪽에서 최종 사인은 얼마든지 보낼 것이다. "이제 끝이야?"라든가 "연락 안 오면 나도 연락 안 한다"라든가 "이유만이라도 알려줘" 등 최종 사인은 분명히 있다.

이렇게 최종 사인이 왔을 때 아무렇지도 않게 잠수를 끝내고 "미안해. 여행 다녀오느라고 연락을 못했어", "회사에서 늦게 끝나서 연락을 못했어"라고 평소와 다르지 않게 반응할 것. 그러면 남자는 안도감에 다시는 이 여자를 잃어서는 안 된다고 생각하게 될 것이다.

만약 최종 사인도 없이 단순히 연락만 몇 번 하다가 마는 남자라면 그 사람은 당신에게 그다지 큰 관심은 없었다고 보면 된다.

무리해서 시도하지 말 것. 남자가 당신에게 관심이 있다는 확신과 믿음이 있을 때 시도해보길! 그를 영원히 당신의 남자로 만들 수 있을 것이다.

급만남에 헐레벌떡 나가지 마

　퇴근할 때쯤 그에게서 문자가 온다. 마침 '오늘은 퇴근하고 할 일도 없는데 뭐하지?'라며 심심해하던 찰나.
　"자기야, 나 오늘 일찍 끝날 거 같은데 만나서 저녁 먹을까?"
　문자를 보는 순간 자신도 모르게 입가에 미소가 번진다. '바로 이거야, 내가 심심한 걸 이 사람도 알았나 봐. 어쩌면 우리는 이렇게 텔레파시도 잘 통할까' 싶어 바로 답을 보낸다.
　"응! 나도 그런 생각하고 있었는데, 역시 우린 통하나 봐. 어디서 만날까?"
　문자를 보내면서도 오늘따라 옷이 마음에 안 든다. 평소에 옷을 잘 입고 다닐걸, 후회해도 이미 엎질러진 물. 집에 가서 옷을 갈아입을지 아니면 백화점에서 하나 사 입을지 갈등이 생긴다.

화장도 마음에 안 드는데 그를 만날 때마다 꼭 했던 아이라이너와 마스카라마저 없는 상태. 그래도 날 사랑하는 그 사람이라면 이해해줄 거라고 위안을 하고 있는데 그에게서 답장이 온다.

"우리 회사 근처로 와."

게다가 그쪽 회사로 오라는 메시지. 이미 간다고 해버렸으니 뭐라고 할 말도 없는데 화장과 옷은 엉망인 상태. 그래도 이왕 약속한 거 만나러 간다.

그를 만나 저녁을 먹고 대화를 하고 술도 좀 마신다. 시간이 늦어서 택시를 타고 가야 하는데 그는 내일 출근해야 한다며 집까지 배웅해줄 생각은 하지 않는다. 기분 좋자고 한 데이트인데 이상하게 더 우울한 기분만 든다. 그러면서도 다시 주말에 만나면 괜찮을 거라고 생각한다.

그렇게 며칠이 지나 또 퇴근할 때쯤 그에게서 연락이 온다.

"보고 싶다. 오늘 만날래?"

생각지도 못했던 데이트 제안. 오늘도 옷과 화장은 맘에 들지 않는다. 하지만 그의 제안을 뿌리치고 싶지는 않다. 또다시 며칠 전의 상황이 반복된다. 도대체 이 남자는 언제쯤 주말 데이트를 정식으로 신청할지 모르겠다. 하지만 만나고 싶은 마음에 '급만남'을 수락한다.

이걸 아는지? 급만남에 적어도 두 번 이상 응해주면 당신은 그 남자에게 언제든지 만날 수 있는 여자가 되어버린다는 사실을. 문자를 보내면 바로 답을 하는 여자, 만나자고 하면 언제든지 달려오는 여자, 심지어 두 시간 동안 운전을 해서라도 오는 여자가 되어버리는 것이다. 그런 여자에게 남자는 정식으로 주말 데이트를 요청할 필요성을 못 느낀다.

급만남 제안에 대처하는 법! 정중히 거절하라.

"나도 보고 싶지만 주말이 좋겠네요"라는 답변 정도면 무난하다. 먼저 만나자고 한 것은 남자이므로 다른 날 만나자고 제안하는 것은 먼저 만나자는 신청이 아니다. 급만남을 제안한 것이 주말이어도 "나도 만나고 싶은데 선약이 있어요. 다음 주가 좋을 것 같아요"라고 말할 것.

이렇게까지 말해주는데도 계속 미리 데이트 약속을 하지 않는 남자라면, 그 남자는 자신의 시간이 남아돌 때만 여자를 만나려는 심심풀이가 남자다. 그 남자의 급만남 신청을 받아주면 당신은 '쉬운 여자'가 된다.

'번개'라는 용어를 아는지? 채팅을 하다가 갑자기 만나는 일을 뜻하는데 썩 좋은 이미지는 아니다. 왜일까? 급만남에서 결과적으로 이어진 것이 '섹스'이기 때문이다. 채팅방에서 대화 몇 번 하다가 '우리 번개할까요?'라고 제안할 때 남자의 마음가짐은 어떤 것일까? 이 여자와 정말 사귀고 싶다는 마음이었을까, 아니면 하룻밤 어떻게 해보자는 마음이었을까?

남자도 여자를 소중히 생각한다면 처음부터 급만남을 제안하지 않는다. 왜냐면 남자도 최상의 상태로 여자를 만나고 싶기 때문이다.

어느 정도 경제적 능력을 갖춘 남자라면 여자를 만나기 전에 옷도 사 입으려고 할 것이며, 샤워도 깨끗이 하고 면도도 깔끔하게 하려 할 것이다. 보고 싶다는 마음에 이런 것들을 소홀히 하고 여자 앞에 선다면 점수를 따지 못한다는 걸 남자들도 잘 알고 있다.

<mark>급만남이 여자에게 안 좋은 것은 준비할 수 없기 때문이다. 그리고 무엇보다 남자의 페이스에 말리기 쉽기 때문이기도 하다.</mark> 이런 만남은 불안정하다. 사흘 정도 여유를 갖고 주말의 데이트 신청을 받아서 서로 준비하고 좋은 모습을 보여주며 데이트하자.

왕자는 아직 네게 반하지 않았다 ○ ○ ○ ○

결혼하기까지
필요한 시간

　　　　지금 사귀는 사람이 없다면 내년 이맘때쯤 결혼을 한다는 것은 무리다. 왜냐고? 연애에서 결혼까지 최소한 1년 이상의 시간이 필요하기 때문이다.

　흔히 주변에서 만나자마자 불이 붙어서 3개월 만에 결혼했다는 둥, 선봐서 좋으면 바로 결혼이라는 둥 짧은 기간에 결혼한 것을 자랑스럽게 말하는 사람들도 있다. 물론 만난 지 몇 개월 만에 결혼할 수도 있고 결혼해서 행복하게 잘살 수도 있다. 다만 좀 더 욕심을 내자는 뜻이다.

　결혼을 신중하게, 또 중요하게 생각하는 이유는 바로 결혼이 평생을 거는 일이기 때문이다. 세상이 달라져서 요즘엔 이혼이 큰 문제는 아니라지만, 정작 결혼했다가 이혼을 하는 본인에게는 큰 상처다. 그러므로 행복한 결혼생활을 위한 노력은 시작부터 중요하다.

만약 만나서 3개월 안에 결혼을 한다고 치자. 그렇다면 이 3개월은 결혼을 위한 최소한의 기간이 될 것이다. 남자가 먼저 접근을 했고, 고백을 했고, 프러포즈를 했고, 이에 응한다. 그리고 양가 부모님도 만나야 하고 상견례도 해야 하고 결혼식장도 정해야 한다. 그렇다면 아무리 따져봐도 두세 번 만나서 고백하고 두세 번 만나서 프러포즈하고 또 두세 번 만나고는 양가 인사를 가야 하는, 정말 빠듯한 일정이다. 그렇다면 과연 남자는 여자에게 얼마나 공을 들인 걸까? 여자는 남자가 접근해오는 대로, 하자는 대로 따라가기만도 벅찼을 것이다.

최소한 남자의 급만남 신청에는 응해주지 않고 연락도 꼬박꼬박 받지 않고 고백했을 때 조금이라고 시간을 지체했다면 3개월 안에 결혼하기는 불가능하다.

절대적 시간은 정말 중요한 것이다. 그리고 어떤 시간을 보내는지도 중요하다. 연인인 상태로 1년을 보내는 것과 연인인 상태로 3개월을 보내고 결혼 후 나머지 9개월을 보내는 것은 매우 다르다. 결혼이 인생의 마지막이 아니라 또 다른 시작이라고 본다면 새로운 시작을 위한 절차나 과정들 또한 당연히 중요한 것 아닐까?

자연스럽게 연애를 하고 프러포즈를 받고 결혼을 계획한

다면 적어도 6개월에서 1년이라는 연애 기간이 필요하다. 그리고 이때야말로 남자가 여자를 차지하기 위해 가장 공들이는 시간이기도 하다. 결혼이 급해서 혹은 남자가 너무 좋아서 무조건 "OK"만 외치고 있는 그 시간이 어찌 보면 남자에게 가장 사랑 받을 수 있는 시간일 수도 있다. 그 기간을 단축시키고 또 쉽게 넘어간다면 결혼 후에 어떤 미래가 펼쳐질지는 그 누구도 모르는 일이다.

연애를 시작하고 결혼하기까지 1년이란 기간은 두 가지 의미를 갖는다. 내가 남자를 판단할 수 있는 기간인 동시에 남자가 나에게 공을 들일 수 있는 기간이라는 것. 이처럼 두 가지 의미가 있는 시간을 갖지 않고 결혼에 골인해버린다면 기초공사가 부실한 집을 짓는 일이 될 가능성이 높다.

지금 만나는 사람이 있다 하더라도 애인 수습기간까지 고려하면 3개월이 지나야 애인으로 정착할 수 있다. 그리고 애인이 된다고 하더라도 결혼에 이르기까지는 6개월에서 1년의 시간이 필요하다.

주위에서 들은 얘기대로 3개월 만의 결혼이라든가 혹은 갑작스러운 결혼이 나에게 일어날 수 있다고 믿어서도 안 되고 또 그런 일이 일어난다고 해서 반가워해서도 안 된다. 상식적으로 생각하더라도 지금 사귀는 사람이 없다면 1년 후에 결혼하는 건 불가능하다.

우리에겐 언제든지 도망갈 비상구가 있다. 결혼식장에 입장하기 전까지는 언제나 "No"라고 말할 수 있는 비상구 말이다. 연애에서 결혼에 이르는 1년 동안 항상 비상구가 있다는 사실을 생각해야 한다.

남자가 좀 이상하다는 느낌이 들었지만, 남자의 부모님이 좀 이상하다는 느낌이 들었지만, 남자의 집안이 좀 이상하다는 느낌이 들었지만 그냥저냥 넘어가고 결혼한 뒤 후회하는 일들도 많다. 비상구가 있다는 것을 인지하지 못했기 때문이다.

시간에 쫓기어 충분히 생각하지도 못하고 내린 결정이 당신의 남은 평생을 좌우할 수 있다는 걸 명심하자! 남은 인생을 생각한다면 적어도 1년은 지켜봐야 하지 않을까?

왕자는 아직 네게 반하지 않았다 ○ ○ ○ ○

요리 솜씨와
청소 능력을
벌써부터 뽐내지 마

남자에게 여성스러움을 어필하고 싶을 때 여자들이 가장 많이 하는 행동! 사귀는 초기, 혹은 사귀지도 않으면서 요리를 해다 바치고 청소까지 해주기. 놀이공원에 놀러 가자고 하면 새벽부터 일어나 손수 김밥 싸기, 남자친구가 술 먹은 다음 날 북엇국을 끓여다 출근길에 혹은 점심시간에 대령하기, 집안이 비는 날이라며 일부러 남자친구가 좋아한다는 갈비찜을 만들어 초대하기, 밸런타인데이에 직접 초콜릿 만들기, 생일에는 직접 케이크 만들어주기, 게다가 밥이든 초콜릿이든 케이크든 장식으로 꼭 하트 모양 얹기 등 일일이 나열하기도 버거운 이런 행동들.

남자친구가 혼자 사는 상황이라면 집을 방문할 때마다 청소는 필수. 조금이라도 어질러져 있으면 머리가 어지러울 정도로 열심히 청소를 한다. 집 안 구석구석 남아 있는 자신의 손길을 남자친구가 조금이라도 느끼길 바라며.

그러나 지금까지 이렇게 요리를 열심히 해주고 윤이 나도록 방 청소까지 해줬던 남자친구와는 지금 어떻게 되었는지? 답은 이미 나와 있다.

그러나 여전히 마음 한구석에 의문이 남는다. 남자들은 분명 요리를 해줄 때는 기뻐했고 맛있게 먹었고 심지어 "우리 엄마 음식 다음으로 네 요리가 맛있다"고 했는데, 또 집 안이 깨끗해졌다며 즐거워했는데 왜 그런 착한 여자들을 사랑해주지 않고 버렸던 것일까?

대답은 간단하다. 당신은 그저 '젊은 엄마'였을 뿐이다. 요리를 잘하고 청소를 잘하는 여자를 남자들이 싫어할 리는 없다. 여자들이 요리를 해줬을 땐 분명히 기쁘고 고마운 마음이었겠지만 그저 조금 세련되고 젊은 엄마가 해줬던 행동에 불과한 것이다.

예를 들어 누런 양은 도시락이 보온 도시락으로 바뀌었다고 해서 도시락이 일품요리로 변하지는 않는다. 당신이 소고기 치즈 김밥을 하트 모양으로 만들었다고 해도 남자에게는 어머니가 만든 둥근 야채 김밥과 별반 다르지 않다.

우리는 남자들에게 '난 다른 여자와 다르다'는 걸 보여주기 위해 요리를 하고 청소를 한다고 생각한다. 이런 건 아무도 안 해줬을 테니 감동할 거라는 생각으로. 그러나 그에게는 평생을 아무런 대가 없이 요리를 하고 청소를 해주셨던 어머니가 있다. 당신이 아무리 열심히 해봤자 그에게는 결국 '어머니 흉내 내기'일 뿐이다.

당신은 결혼하기 전까지 말로만 요리를 잘하고 청소를 잘하는 여자가 되면 된다. 남자가 "집에서 뭐했어?"라고 물었을 때 "어젠 닭도리탕 해먹었어"라고 대답하면 남자는 당연히 물을 것이다.

"그런 것도 만들 줄 알아? 나도 해줘."

바로 이때를 잘 넘겨야 한다. 냉큼 "알았어. 이번 주말에 집으로 놀러 와"라고 할 게 아니라 "그래. 다음에……"라고 말만 하고 실제로는 해주지 않는 것이다. 남자들은 당신이 요리를 잘한다고 생각할 것이다. 그런 이미지를 만들어놓는 것 정도면 충분하다.

청소에 대해서도 마찬가지.

"뭐해?"

"청소했어."

"청소 열심히 하네?"

"응. 깨끗하게 살아야지."

"그럼 이다음에 내 방도 청소해줘."

"그래, 다음에……."

이렇게 대답하면 된다.

만약에 남자의 집에 초대를 받아서 갔다고 해도 빗자루나 걸레를 들지 말 것! 오히려 그것은 남자에게 지저분하게 산다는 잔소리를 하는 것과 마찬가지일 뿐이다. 요리와 청소를 하면 엄마 같은 이미지만 부각돼서 애인의 이미지를 잃을 수도 있다.

<u>청소와 요리에 대해서는 남자에게 잘하는 이미지만 주고 실제로는 하지 않는 것이 중요하다.</u> 결혼해서 청소하고 요리할 시간은 충분하다. 그때 솜씨를 보여주면 된다.

요리를 잘하고 청소를 잘해서 사랑받는 것이 아니다. 당신은 존재 자체로 남자에게 사랑받아야 한다.

왕자는 아직 네게 반하지 않았다 ○ ○ ○ ○

첫 섹스?
쿨한 척 나서지 마

연애를 하다 보면 스킨십의 정도도 점점 깊어지게 마련. 그러다 보면 어느새 섹스의 순간도 다가온다. 앞서 섹스는 충동이 아니라 결심이라고 말했다. 포인트는 당신의 그 결심을 남자에게 알리는 행동을 하지 않아야 한다는 것.

보통의 남자라면 절대로 "오늘 나랑 섹스 할래?"라고 직접적으로 말하지 않는다. 물론 '왜 남자들은 솔직하게 말하지 않는 거지? 차라리 오늘 밤은 같이 있자든지 여행을 가자고 직접 말해주는 게 준비하기 쉬운데……'라고 생각하는 여자들도 있다. 그러나 정말로 섹스가 목적이더라도 그렇게 말하는 남자라면 다시 생각해봐야 한다. 그런 말을 들었다면 당신은 그에게 그저 하룻밤 상대에 지나지 않는다고 생각해도 무리가 없다.

당신이 그와 밤을 보내도 좋을 것이라고 판단했다면 우선 장소가 문제다. 두 사람 다 부모님과 함께 살고 있다면 '여행'이 가장 좋은 방법이다. 그러므로 남자가 여행을 요구할 때 냉정하게 이 남자와 섹스를 해도 될 것인지 판단한 후 여행을 가면 된다. 사실 지금 우리나라의 실정에선 가장 무난한 방법이다.

그 외에는 호텔이나 모텔을 이용하는 방법도 있다. 이런 시설을 사용할 경우엔 굳이 나서서 아는 척을 하지는 말자. 그냥 남자를 따라가고 모텔에 익숙하지 않은 것처럼 행동하는 게 낫다. 남자를 속이라는 말이 아니다. 남자의 상상력에 대한 얘기다.

설레는 첫 섹스를 하려는 순간, 여자가 익숙한 듯 '이런 것쯤이야' 하는 듯이 행동하는 것은 알몸을 바로 보여주는 것이나 다름없다. 최대한 '나는 당신을 신뢰하고 있어서 이런 결심을 한 것이다'라는 이미지를 보여주는 것이 좋다. 굳이 '난 섹스를 좋아해서 경험이 많아요'라는 이미지를 일부러 보여주지는 말자는 뜻이다.

남자가 혼자 산다면 장소가 남자의 집이 될 수도 있다. 최후에 생각해야 할 곳이 바로 혼자 사는 자신의 집이다. 되도록이면 자신의 집으로 남자를 데려오지 않는 것이 현재를 위해서나 미래를 위해서도 자신에게 도움이 된다. 여자들 중엔 남자들이 모텔비를 쓰는 것이 아깝다고 자신의 집으로 불러들여서 거의 반동거나 다름없는 상황을 만드는 사람도 있다. 남자에게 그런 편의를 제공해주는 여자가 될 필요는 없다.

남자와 첫 섹스를 할 때 가장 중요한 것은 피임이다. 분위기 때문에 피임을 하지 못했다는 건 자신에게 좋지 않은 일을 만들 뿐이다. 강력하게 남자에게 피임을 요구하고 남자가 준비를 못했다면 거절해도 상관없다.

섹스를 진행하는 데 있어서, 특히 첫 섹스를 할 때는 그냥 일반적인 방법으로 진행하는 것이 좋다. 혹시 조금이라도 자신이 생각하는 것 이상의 행동을 요구한다면 그 즉시 그 남자와의 만남을 중지해도 괜찮다. 남자들에게도 사랑하는 여자와의 섹스는 쾌락을 넘어선 그 이상의 것을 의미하기 때문이다. 여자를 배려하지 않고 자신의 즐거움을 위해 섹스를 하는 남자라면 상대 여자를 '엔조이'로만 여기는 사람이거나 여자와의 섹스를 제대로 할 줄 모르는 남자라고 보면 된다.

또 하나, 일부러 '나 처음이야'라고 거짓말을 할 필요는 없다. 처음인지 백 번째인지 말할 필요가 없다는 것. 섹스 후에 남자가 물을 수도 있다. 그때도 마찬가지다. 농담으로라도 "백 번째예요"라고 하는 것은 좋지 않다. 아무리 농담이더라도 근거가 있을 것이라는 억측을 하게 만들기 때문이다.

자신의 입으로 '나 처녀예요'라고 강조할 필요도 없고 반대로 '나는 경험이 있어요'라고 허심탄회하게 털어놓을 필요도 없다. 단순히 도덕성의 문제가 아니라 당신을 사랑하는 남자의 관심이 더 깊어지느냐, 아니면 남자의 관심이 멈추느냐의 문제이기 때문이다. 세상에 어떤 남자라도 자신의 여자가 다른 남자와 섹스 경험이 있다는 것을 환영할 사람은 없다. 그리고 안다고 해도 이해하는 척만 가능하지 이해할 수는 없다. 그것은 남자의 포용력과는 무관한 '동물적 본능'이기 때문이다.

그리고 섹스 후에 남자가 먼저 말하기도 전에 "나, 이제 자기 거야"라든가 "나랑 하니까 어땠어?"처럼 완전한 애인이 된 것 같은 행동이나 섹스의 주도권을 가진 사람처럼 행동하는 것도 좋지 않다. 섹스 후에도 섹스 전과 같은 상냥함을 유지하는 정도면 충분하다.

많은 여자들이 첫 섹스 후에 '이제 난 당신의 애인이야!'라는 식으로 태도가 급변하는 경우가 있는데, 이런 경우에 남자들은 자신의 정복욕이 성취되었음을 느끼고 더 이상 노력하지 않을 수도 있다. 그러나 <u>첫 섹스 후에도 그 전과 변함없는 행동을 보인다면 남자는 왜 이 여자가 더 친밀감을 표현하지 않는지 의아해하면서 더 노력할 것이다.</u>

왕자는 아직 네게 반하지 않았다   ○ ○ ○ ○

남자의 가족과
잘 지내는 법

　　　　　남자의 가족은 곧 미래의 시댁이 되므로 여간 신경 쓰이는 것이 아니다. 남자의 어머니가 어떤 분인지, 남자의 형제관계는 어떤지, 그리고 챙겨야 할 가족이 많은지. 이런 이유들로 인해 장남이 꺼려진다는 얘기도 나올 정도다. 마냥 챙기자니 부담스럽고 그렇다고 모른 척하자니 찜찜한 이 기분! 과연 우리는 남자의 가족에 대해서 어떤 마음가짐을 가져야 하는 걸까?
　　어떤 여자들은 남자의 마음을 사로잡기 위해 남자의 가족, 특히 어머니, 누나, 여동생을 비롯한 여자 가족에게 잘 보이려 한다. 심지어는 '남자는 가족에게 잘하는 여자를 좋아한다'는 충고도 해준다. 물론 틀린 말은 아니다. 가족에게 잘하는 여자를 싫어할 리는 없다. 그러나 가족에게 잘한다고, 또 자신의 가족들이 여자친구에게 잘해준다고 없던 애정이 생기지는 않는다.

많은 여자들이 결혼하기 전부터, 혹은 결혼해서도 남자의 가족에 대한 고민을 하며 살고, 스트레스도 엄청나게 받는다. 해결 방법은 없는 걸까? 정말 어쩔 수 없는 문제인 걸까?

여기서 한 가지, 놓쳐서는 안 될 사실이 있다. 시댁과의 어떤 관계도 나와 남자와의 관계에서 시작한다는 것! 내가 남자를 만나기 때문에 시댁과의 관계도 생긴다. 내가 남자를 만나지 않는다면 그분들은 말 그대로 타인이다. 그리고 그분들의 입장에서도 남자를 매개로 나와 만나는 것이다. 그래서 남자의 중간 역할이 중요하다.

남자에게 바라는 중간 역할이란 것은 상황에 따른 뛰어난 임기응변이나 상대에 따라 다양해지는 권모술수 같은 게 아니다. 남자가 여자를 얼마나 소중하게 생각하며 위하느냐, 바로 여기에 중요한 포인트가 있다.

남자가 여자를 소중하게 여긴다면 만나기도 전에 가족들에게 온갖 칭찬과 미화된 말들을 해둘 것이다. 실제로 가족들과 만나는 자리에서도 여자를 잘 챙겨줄 것이다. 그리고 여자를 위하는 남자의 모습을 보는 가족들은 여자에게도 함부로 할 수가 없다.

내가 남자의 가족에게 어떤 행동을 하기 이전에 남자의 가족들은 남자가 나를 대하는 태도를 먼저 알고 있다. 이 부분이 관계에 있어서 상당히 중요한 몫을 차지한다. 그러므로 남자에게 소중한 사람이 되어야 한다는 것은 단순히 연애의 기쁨을 위해서가 아니라 장기적으로도 중요한 일이다.

시어머니와 트러블이 있는 경우, 해결 방법으로는 '내가 변하기'를 권한다. 우리는 흔히 시어머니가 나에게 조금 더 잘해 주면 내가 더 잘할 수 있을 거라고 생각한다. '시어머니→남편→나'의 순서로 변화를 기대하는 것. 그러나 이런 변화는 기대하기 힘들다.

순서를 이렇게 바꿔보자. '나→남편→시어머니'순으로. 내가 변해서 남편을 컨트롤한다. 그러면 변한 남편이 시어머니를 컨트롤할 것이다. 여기서 남편을 변화시킨다는 것은 단순히 내 의견을 잘 듣는 것으로 변화시킨다는 것이 아니라 나를 소중하게 생각하는 남편으로 변화시켜야 한다는 뜻이다.

양가 가족을 만나야 할 땐 내 가족을 먼저 만나도록 하자. 예의나 그런 것을 따지라는 얘기가 아니다. 우선 남자가 내 가족에게 어떻게 하는지를 보아야 하기 때문이다. 나에게 못하는 남자라면 당연히 나의 가족에게도 잘하지 못한다. 그리고 가족을 만났을 때 남자의 사회생활적인 면이나 가정에 대한 가치관도 잘 알 수 있다. 그때 남자를 다시 한 번 판단할 기회를 갖자.

그 후에 남자의 가족을 만나러 가자. 이것 또한 당신에게는 기회다. 마치 직장을 구하기 위해 면접을 보러 가지만 그때를 이용해 당신도 회사를 면접 보는 입장이 되는 것과 같은 원리다. 남자의 가족에게 푸대접을 받거나 또 평생 함께하기 어렵다는 생각이 들거든 과감히 포기해도 된다. 세상에는 꼭 돈이 많은 집이 아니더라도 가족의 사랑을 제일의 가치로 여기는 화목한 가정도 많다.

나를 소중하게 여기는 남자를 만나는 것은 단순히 연애의 기쁨을 위한 것이 아니다. 결혼을 해서 서로의 가정을 공유하게 될 때, 자신이 설 위치까지도 영향을 미치는 것이다.

남자에게 헌신하는 하녀 연애를 하는 여자들이 대부분 남자의 집안에서도 하녀 대접을 받는다. 감정에 끌려서 헌신하고 있는 지금의 연애가 당신에게 어떤 미래를 만들어줄지 다시 한 번 생각해보시길.

왕자는 아직 네게 반하지 않았다 ○○○○

특급 처방!
프러포즈 받는 법

　　　　　　　　남자와 사귄 지 1년 정도 지난 상태, 아니면 그 이상 사귀었어도 상관없다. 여자는 시간이 지나면 지날수록 결혼 적령기에서 멀어지기만 하는데 남자는 아무 말도 없다면? 물론 여자가 먼저 결혼에 대한 얘기를 노골적으로 꺼낸 적도 없다는 전제하에 통하는 방법이다.

　결혼 비슷한 얘기가 나왔는데도 남자는 무반응이고, 부모님께 인사도 드렸지만 결혼 얘기는 별로 진척이 없을 때, 그럴 때 여자는 갈등한다.

　"이 남자가 과연 나하고 결혼할 마음이 있는 걸까?"
　"날 사랑하기는 하는 걸까?"
　"혹시 내가 먼저 결혼 얘기를 꺼내야 하는 건 아닐까?"

여기서의 전제는 남자에게 결혼할 마음이 없다는 것이다. 결혼할 마음이 있었다면 당신에게 프러포즈를 했을 것이고 구체적으로 결혼을 준비했을 것이다. 혹시라도 '결혼할 마음은 있는데 참고 있다' 이런 식으로 해석하면 안 된다.

그러나 또 오해하지 말아야 할 게 당신에게 애정이 없는 건 아니라는 것. 남자들은 연애가 꼭 결혼으로 이어지지 않고 연애로 끝날 수도 있다고 생각한다.

1년 이상 사귀고 있다면 당신에게 애정은 있으나 결혼할 마음은 없다고 보는 것이 정확하다. 그렇다면 어떻게 결혼할 마음이 생기도록 만들 수 있을까?

여기서 우리는 잠수를 선택할 수밖에 없다. 사람이란 아무런 계기 없이 결심을 할 수는 없는 존재이기 때문이다. 당신이 항상 남자가 원하는 곳에 있고 데이트를 해준다면 그 상태로 몇 년이든 보낼 수 있는 것이 남자들이다. 그런 남자의 마음에 어떤 계기를 만들어주기 위해 잠수를 선택하는 것이다.

잠수를 결심했다면 우선 결혼에 관한 대화를 한다. "결혼에 대해서 어떻게 생각해?" 여러 가지 대답이 나올 것이다.

"한 5년쯤 후가 어떨까 싶어."

속으로는 '5년 후면 난 서른다섯 살이다' 이런 생각이 들더라도 표정 관리를 하자.

"돈이 좀 생겨서 안정적일 때 하고 싶어."

속으로는 '그놈의 안정은 도대체 평생 오기나 하는 걸까'라는 생각이 들더라도 겉으로는 고개만 살짝 끄덕이자.

"꼭 결혼이란 형식이 중요한가. 지금처럼 만나도 좋잖아. 네가 그렇게 보수적인 줄 몰랐네."

속으로는 '정말 이 사람 말대로 결혼이 중요한 건 아니지 않을까'라는 생각이 들더라도 무슨 말인지 모르겠다는 듯 의아한 표정을 짓자.

그리고 남자가 돌려서 "넌 언제 하고 싶은데?"라고 묻는다면 "곧 해야 하지 않을까 생각하는데……"라고만 대답한다. 그러고는 더 이상 얘기를 발전시키지 말고 그날 이후 잠수를 탄다. 어떤 티도 내지 않는 게 중요하다.

예를 들어 엄마가 여행을 가겠다고 한 달 전부터 말했다 하자. 그러면 엄마가 없는 동안 뭘 할지 계획을 세우고 엄마가 여행 가는 날을 기다릴 것이다. 해방감마저 느낀다. 그리고 실제 엄마가 여행을 간 며칠은 즐겁게 흘러갈 것이다. 엄마가 다시 돌아와도 '아, 다녀오셨구나' 싶을 뿐이다.

그런데 어느 날, 집에 들어왔는데 엄마가 없다면? 아무리 생각해봐도 어딜 간다는 말은 못 들었는데 엄마의 행방을 알 수가 없다. 시간이 흐를수록 초조해지고 외갓집이나 친척, 친구 등 전화번호를 찾기 시작한다. 몇 군데 연락해봐도 모른다고 한다. 혹시 내가 뭘 잘못한 게 있어서 엄마가 가출한 것이 아닌가, 혹은 집안에 내가 모르는 문제라도 있지 않나 걱정이 된다. 밤늦은 시간, 경찰에 실종신고라도 해야 하나 생각할 때 엄마가 돌아왔다. 이때의 안도감과 반가움이란!

　엄마가 예고한 며칠 동안의 여행과 예고하지 않은 두 시간의 실종이 이렇게나 달라질 수 있다.

　당신의 잠수도 남자친구가 예상하지 못하는 것이어야 한다. 당신의 잠수에 남자친구는 연락을 할 것이다. 포인트는 '결혼'을 언급하는 연락 외에는 그 어떤 말에도 절대 반응하면 안 된다는 것. 안부 인사, 혹은 미안하다며 잘 지내자는 말들은 다 무시해야 한다. 잠수를 하는 기간에는 다른 남자를 만난다.

　남자는 늘 옆에 있던 당신이 사라진 순간, 생각할 것이다. 없어서 편한지, 아니면 이 여자 없이는 평생 못 살 것 같은지. 이 여자 없이 평생 못 살 것 같다는 판단이 들면 결혼을 떠올리게 되고 당신을 잡기 위해 프러포즈를 할 것이다.

　당신의 존재에 대해서 이런 결심조차 하지 않는 남자와 결혼한다는 것은 당신의 나머지 인생을 방치하는 것이나 다름없다. 결혼에 대해 내가 결심을 하는 것도 중요하지만 남자를 결심하게 하는 것도 상당히 중요하다. 남자의 결심 없는 결혼이 남녀를 불행하게 할 것임은 너무 당연한 일이다. 결혼할 생각이 없는 남자의 곁을 하루라도 빨리 떠나서 진짱 나를 평생 아껴줄 남자를 만나는 것이 행복에 다가가는 지름길이다.

제대로 연애를 할 수 있는 남자의 조건 20

1. 함께 있으면 안심할 수 있다.

2. 언제나 섹스만 요구하지 않는다.

3. 말과 행동이 일치한다.

4. 늘 변하지 않는 애정을 표현해준다.

5. 평범한 데이트를 하려고 한다.

6. 당신과 진지하게 사귀려고 한다.

7. 당신의 외모 외에 다른 특징도 보고 있다.

8. 당신을 혼란스럽게 하는 행동을 하지 않는다.

9. 그 사람을 사귀면서 얻는 게 많다.

인어공주가
다른 남자를 만났다면

10. 신뢰할 수 있다.

11. 당신에게 협조적이다.

12. 알기 쉬운 성격이다.

13. 거짓말을 하지 않는다.

14. 스스로, 합법적으로 돈을 벌고 있다.

15. 늘 자신을 계발하려고 노력한다.

16. 그에 대한 경계선을 정확하게 정할 수 있다.

17. 담배, 알코올, 도박 등에 심취해 있지 않다.

18. 자신의 가족에 대한 신뢰감을 갖고 있다.

19. 타인을 쉽게 비판하지 않는다.

20. 당신에게 무리한 요구를 하지 않는다.

써니의 체험기

드라마에나 나올 법한 로맨스가 제게도 찾아왔어요

저는 의존녀 기질이 강한 사람이었습니다. 남의 의견에 잘 휘둘리고 거절도 잘 못하고, 다른 사람이 원하는 대로 맞춰주고는 속으로 징징거렸습니다. 그리고 가까운 사람에게 그 화를 풀었습니다.

인공카를 알고 실천하면서 많은 변화가 있어서 어떤 변화부터 써야 할지 고민이 되었습니다. 가장 빨리 쉽게 변화한 것은 외모와 행동입니다. 인공카에 가입하고 2년 동안 머리를 기르고 헤어팩도 꾸준히 하고 웨이브도 하고 피부 관리도 하니 정말 10년 전보다 피부가 더 좋아졌다는 소리를 듣습니다. 운동도 꾸준히 하고 쇼핑도 여성스러운 옷과 원피스를 주로 사서 입으니 이미지가 많이 변했습니다.

이런 외모에 남자를 만날 때는 항상 환하게 웃고 말을 적게 하고 연락을 하지 않고 오는 것도 적게 받고 집에 일찍 귀가하는 모습을 보여주니 다소곳하고 얌전하게 자란 여자라는 이미지를 주게 되었습니다. 이렇게 하니 남자들이 저에게 대하는 태도가 조심스럽거나 아니면 놀 여자를 원하는 남자는 아예 초반부터 떨어져나갔습니다.

쉽지 않은 것은 내적인 변화입니다. 예전이나 지금이나 저는 긍정적이고 싶지만 화날 때도 있고 우울할 때도 많으니까요. 그렇지만 남자들이 저를 대하는 태도는 정말 극과 극으로 변화했습니다.

정말 드라마에나 나올 법한 '저런 게 어디 있어!!'라고 생각했던 좋은 일들이 저에게 많이 벌어졌습니다. 기쁘면서도 한편으로는 조금만 제가 외적으로 바뀌어도 이렇게 세상이 나를 대하는 게 다르구나 싶어 억울하기도 합니다.

예전의 저를 생각하니 씁쓸했습니다. 그때는 옷이나 화장을 유행하는 스타일로 시크하게 하고 다니면서 남자들이 왜 저렇게 장난치고 농담도 막 하는지 이유를 잘 몰랐거든요.

자라나는 어린 여자들이 이런 점을 잘 이해했으면 해요. 패션지에 나오는 무서운 화장이나 거친 옷차림을 따라 하면서 실수하지 말았으면 좋겠습니다. 길에서 그런 외모의 여자들이 남자에게 하대받는 모습을 보면 참 안타까운 생각이 많이 듭니다.

물론 외적으로 변화했다고 해도 제대로 된 연애를 하려면 내적인 변화가 더 필요하다는 것을 절감합니다. 〈인어공주가 다른 남자를 만났다면〉은 그 변화의 좋은 길잡이가 되어줄 거예요. 일단 알게 되면 행복해지는 지름길로 인도하는 책, 전 세계 여성들의 필독서가 되었으면 합니다.

인어공주
구제
프로젝트

만남&이별
·····
5

내 인생에
그 왕자가
마지막은 아니다

만남을 위한 노력을
우습게 생각하지 마

대체 어떻게 하면 남자를 만날 수 있는 걸까 고민을 하다가 불현듯 드는 생각. '왜 만남을 위해 노력해야 하는 거지?'

남자를 만나고 사귀는 데 어려움을 느끼다 보면 이런 생각마저 든다. '그냥 태어날 때부터 이 남자랑 결혼하라고 정해져 있었으면 좋겠다', '이렇게 고생할 바엔 부모님이 정해주는 정략결혼이 낫겠네', '누가 정해준 사람이랑 결혼했으면 좋겠다' 등등. 필자도 그런 생각을 한 적이 있다.

교통과 통신이 발달하지 않았던 옛날, 한 마을에 100명쯤 살고 있고 그 마을이 세상의 전부라고 믿었던 시대를 상상해보자. 그중에 결혼 적령기인 남녀가 몇 명이고 누구인지는 뻔히 알 수 있다. 삶도 단순해서 한 마을에서 인생을 시작하고 마감했을 것이다. 그러므로 태어나는 순간 누구와 결혼할지 정하는 것도 어렵지 않다. 어차피 비슷한 시기에 태어나는 아이들이 같이 성인이 되어 결혼을 할 테니까. 이런 상황에서 결혼은 지금보다 훨씬 쉬웠을 것이다. 게다가 그 동네에서 예쁜 여자는 세상에서 제일 예쁘다는 평을 들었을 것이고 그 여자를 차지한 남자는 세상에서 가장 행복한 사람이었을 수도 있다.

그러나 현시대의 삶은 예측 불가능하다. 도시에는 수많은 사람들로 넘쳐나고 심지어 나라를 옮겨다니며 살 수도 있다. 이에 따라 당연히 남녀관계도 바뀌었다. 같은 마을 혹은 이웃 마을에 사는 결혼 적령기의 남자, 많아야 몇십 명 중에서 배우자를 고르는 것이 아니라, 온 나라 혹은 전 세계의 남자 중에서 고를 수 있다. 남자나 여자나 자신이 만나본 사람만이 전부가 아니라는 생각이 들게 마련이다. 또 매스컴에선 연일 예쁜 여자, 잘생긴 남자들이 쏟아져 나온다. 결혼 적령기의 남녀는 최고로 예쁘고 잘생긴 남자와 여자를 늘 보고 있다. 나의 상황만 변한 것이 아니라 이 시대에 살고 있는 인류에게 일어난 변화다.

시대가 발전하면서 남자를 만나기 쉬워진 것처럼 보이지만 이것은 후보의 양이 많아진 것일 뿐, 나의 배우자를 더 손쉽게 만날 수 있다는 의미는 아니다. 오히려 너 많은 남자들을 만나지만 정작 나만의 배우자를 만나기는 어려워서 결혼 적령기는 더 늦춰지는 추세다.

　나의 배우자가 현재 내가 생활하는 범위 안에 있다고 생각해서는 안 된다. 내 생활 범주 외의 범위에 있을 수도 있다는 생각을 해야 한다. 그래서 나온 것이 장거리 연애다. 예전 같으면 장거리 연애는 상상할 수도 없다. 마을을 떠나면, 해외로 떠나면 그것은 곧 이별을 뜻했다. 연락할 수 있는 수단은 오로지 편지가 전부였다. 그러나 이제는 많은 사람들이 장거리 연애를 한다.

　배우자를 찾는 범위를 내 생활의 범주로 국한시켜서는 안 된다. 여러 가지 방법을 써서 만남을 시도해야 한다. 내 생활 속에서만 남자를 찾는 것은 스스로 만남의 범위를 좁혀놓고 이 이상의 남자가 없다고 생각하는 결과를 낳는다. 그렇게 고백하고 헌신해서 결국은 이별을 경험할 수밖에 없는 상황을 만드는 것이다.

　만남의 기회를 많이 갖자. 소개팅, 결혼정보회사, 매칭 사이트, 동호회 모임, 취미생활 등등 이성과 만날 수 있는 기회는 다 접해보도록 하자. 먼 곳에 사는 남자의 접근도 미리부터 막을 필요가 없다. 그 거리를 극복해야 할 사람은 남자이지 당신이 아니다. 남자는 마음에 드는 여자가 생긴다면 거리나 혹은 그 외의 문제도 극복하기 위해 노력한다.

　오히려 가까운 거리에 있는 심심풀이 남자보다는 먼 거리에서도 열심히 노력하는 진지한 남자가 배우자로서 더 좋지 않을까?

내 인생에 그 왕자가 마지막은 아니다

'까봐 병'에서 벗어나라

　　　　　　　　남자의 작은 행동이나 접근에도 "나한테 관심 있을까봐", "나한테 사귀자고 할까봐", "나한테 결혼하자고 할까봐"라고 지레 먼저 생각하는 것이 바로 '까봐병'이다. "……까봐"를 염려해서 안 했던 행동이 결국에는 어떤 결과도 낳지 않으니까 스스로가 옳다고 믿고, 그렇게 제대로 된 연애 한번 못해보고 시간만 보내는 것이다.

　물론 남자에게 먼저 고백하거나 비싼 선물을 하거나 만나러 가지 않는 것까지는 좋다. 문제는 오는 남자마저 미리 가로막는다는 것! 남자가 밥 한번 먹자고 하면 "얼굴도 별로, 스펙도 별로인데 사귀자고 하면 어떻게 해? 거절해야지"라고 생각한다. 남자는 밥을 먹자고 했을 뿐인데 '사귀자고 할까봐' 밥을 거절한다.

결혼정보회사에 등록하면 바로 결혼할까봐 적절한 타이밍을 노려야 한다며 미루고, 인터넷 매칭은 등록만 하면 남자들이 달려들까봐 등록을 미루기도 한다. 대체 어디서 나온 자신감인가? 만약 어떤 남자든, 만나면 3개월 안에 결혼할까봐 쉽사리 남자를 만나지 않고 있다면 당신은 중증이다.

이 증상은 누군가를 소개시켜줄 때 극에 달한다. 소개를 시켜주는 사람의 얘기를 열심히 들어놓고 "아무래도 결혼까진 힘들 것 같아. 안 만날래"라고 퇴짜를 놓는다. 아직 만나지도 않았고, 사귀지도 않았고, 프러포즈도 없었다. 혼자서 북 치고 장구 치고 소설까지 쓰고는 거절하는 것.

어찌어찌 어렵게 남자를 만나더라도 이 '까봐병'은 계속된다. 사진을 봤을 때도 맘에 들었고 스펙도 괜찮아서 만났는데, 자세히 보니 머리가 약간 벗겨지려고 하는 것이 도저히 마음에 안 드는 것. 그래서 남자가 연락처를 물어보는데도 "괜히 전화번호를 알려줬다가 이 남자랑 연애라도 하고 결혼까지 하면 어떻게 해? 내가 아무리 급해도 대머리는 안 되지"라고 생각하고는 "전화번호는 곤란한데요"라며 똑 부러지게 거절한다.

이럴 때 비굴하게 한 번 더 물어볼 남자는 아주 드물다. 그저 놀라고 당황해서는 두 번 다시 말도 못 붙일 것이다. 당신은 아쉬워하지도 않고 "역시 얘기하길 잘했어"라고 뿌듯해하며 주선자에게도 신나서 떠들어댄다.

"너, 그 사람 머리 벗겨지려고 하는 거 몰랐어? 내가 딱 그걸 보고는 정 떨어져서 전화번호 물어보는데도 됐다고 했지."

그러나 전화번호 하나 가르쳐준다고 연락이 온다는 보장도 없고, 연락이 온다고 해도 만난다는 보장도 없고, 만난다고 해도 사귄다는 보장도 없고, 사귄다고 해도 결혼한다는 보장이 없다. 물론 결혼한다고 이혼 안 한다는 보장도 없겠지만.

다가오는 남자에겐 싸늘한 눈초리로 거절하지 말고 친절한 웃음으로 얼버무리자. 연락처를 알려달라고 하면 알려주고 연락은 1/3만 받고 용건만 간단히 이야기하면 된다. 고백을 해오면 "모르겠어요. 다음에 얘기해요" 등등의 여지를 만들어놓는 방법도 있다. 잘 웃어주고 "모르겠어요"만 말하면 되는 일이다.

가는 남자 막지 않는 것이면 충분하다. 굳이 다가오는 남자까지 콘크리트 벽을 쳐가며 막을 필요는 없다. 조금 더 만나보고 생각해도 괜찮다.

내 인생에 그 왕자가 마지막은 아니다 ○○○○○

남자 고르는 법
3단계

우선 남자를 고르는 단계부터 정해보자.

1단계 - 남자가 나를 좋아하느냐?
2단계 - 나도 남자를 좋아하느냐?
3단계 - 진짜 좋은 남자인가?

많은 사람들이 이 3단계를 거꾸로 쓰고 있다. 가장 먼저 진짜 좋은 남자인가를 알려 하고, 그다음으로 내가 그 남자를 좋아하는지 알려 하며, 마지막에서야 그 남자도 날 좋아하는지 궁금해하는 것.

지금까지 연인관계가 원활하지 못했다면 혹시 자신이 이

런 수순을 밟아왔던 것은 아닌지 돌아보자. 가장 마지막에 보아야 할 것을 맨 처음에 판단해버리려고 하니 소설도 쓰고 성급하게 좋은 남자 만들고는 애정을 쏟다가 나중에야 '어, 이 남자가 날 안 좋아하나 봐'라면서 상처받는 것이다.

'남자가 나를 좋아하는지'를 어떻게 맨 처음 알 수 있느냐고? 남자가 나에게 얼마나 호감이 있는지 알기 위해선 먼저 연락하지 말고, 남자가 갑자기 만나자고 하면 만나주지 말고 정확히 날짜를 잡아서 제대로 만나고, 더치페이도 하지 않고, 토요일 오후에만 만나고, 내 얘기도 많이 하지 않으면 된다. 이 정도면 일단 당신을 좋아하지 않는 남자는 떨어져나간다.

아직 1단계라면 2단계인 내가 좋아하느냐, 3단계인 어떤 남자인가를 알 필요는 없다. 오로지 나를 좋아하는지 아닌지에만 집중한다. 그렇게 해서 나를 좋아하는 것이 확실해진 후에 내가 그 사람을 좋아하는지를 판단해보는 것이다. 하지만 사실 이쯤이면 여자도 남자에게 호감이 있는 상태다. 그러므로 최종적으로 '그 남자가 좋은 남자인가?'를 판단하기만 하면 된다.

1단계가 무엇보다 중요한 여러 가지 이유가 있다. 남자가 여자에게 결심이 서서 접근할 때는 스스로 감당할 수 있는 조건의 여자에게 접근한다. 자신보다 너무 못한 여자에게도 접근하지 않겠지만 거꾸로 너무 잘난 여자에게도 접근하지 않는다. 남자가 적극적으로 접근한다는 것은 이미 조건 같은 것도 다 생각해두었을 가능성이 높다.

　게다가 전화도 잘 받지 않고 자신이 만나자고 할 때 잘 만나지도 않는 여자를 계속 만나기 위해서는 상당한 성실함과 인내심이 필요하다. 그러므로 꾸준히 여자에게 연락하고 만나려고 하는 남자는 어느 정도의 애정과 성실함, 인내심을 두루 가진 남자라고 판단할 수 있다.

　아무리 여자에게 관심이 있다 해도 인내심이 없다면 중간에 포기할 수 있다. 인내심이 바닥나 중간에 도망가려는 남자를 여자가 배려해준다고 붙잡아두는 것은 인내심이 없는 남자를 자신의 감정 때문에 잡아두는 것이다. 그 결과는 불 보듯 뻔하다.

　그러므로 1단계를 통과한 남자는 2, 3단계는 대부분 통과할 수 있다. 2단계는 온전히 당신의 판단이다. 정말로 그 남자를 좋아하는지, 계속 연애를 할 것인지 스스로 판단하면 된다. 그러는 동안 시간이 또 흘러갈 것이다. 그리고 3단계의 평가를 하면 된다.

　알고 보니 여자에게 집적거리는 바람둥이라든가, 아니면 빚이 많다든가, 여자를 때린다든가 등등 사람 됨됨이를 평가한다. 이때는 1단계, 2단계와는 독립적으로 생각해야 한다. <u>좋아는 하지만 저 성격을 내가 극복할 수 있겠는가 하는 생각이 들면 1, 2단계를 무시하고 헤어지자.</u> 아무리 좋더라도 당신의 미래를 위해선 헤어지는 것이 현명하다.

결혼 얘기까지 나와서 부모님에게 인사를 갔는데 남자의 부모님이 도저히 정상적으로 보이지 않는 집안이라면 결혼을 다시 생각해보는 것은 너무도 당연한 일이다. 이 단계에서는 남자의 성격에서부터 집안의 성격 차이, 궁합 문제, 예비 시부모의 관계까지 수많은 문제들이 벌어질 수 있다.

이 단계에서도 당신은 언제든지 헤어질 수 있다고 생각해야 한다. <u>결혼은 일생이 걸린 일이니까. 마지막까지 눈을 크게 뜨고 자신이 어떤 길을 걸어가고 있는지 똑바로 봐야 한다.</u> 눈을 감고 피하고 싶다고 해서 넘어가버리면 그 문제는 결혼해서도 그대로 남게 된다.

내 인생에 그 왕자가 마지막은 아니다 ○○○○○

나쁜 남자를
만나는 당신의 모습

좋은 남자와 나쁜 남자를 구별하고 싶다고? 내가 만나는 사람이 나쁜 남자인지 좋은 남자인지를 알려면 자기 자신을 먼저 들여다보자. <u>내 상태가 곧 그가 어떤 사람인지를 말해준다!</u>

당신의 마음이 이렇다면?
1. 누군가에게 조종당하는 느낌이 든다.
2. 머리가 혼란스러울 때가 많다.
3. 슬프다.
4. 내 편은 아무도 없는 것 같다.
5. 우울하다.

6. 의욕이 없다.

7. 화가 날 때가 많다.

8. 죽고 싶어진다.

9. 상처받고 있다.

10. 자신이 무력하다고 느낀다.

당신의 행동이 이렇다면?

1. 언제나 그 남자 생각으로 머리가 복잡하다.

2. 예전과 비교해 스스로 해결할 수 없는 것이 늘어나고 있다.

3. 주량이 늘었다.

4. 과식하고 있다.

5. 거식하고 있다.

6. 무엇인지 모르지만 걱정이 되어서 참을 수 없다.

7. 외모에 신경 쓰지 않게 되었다.

8. 언제나 울고 있다.

9. 쇼핑을 지나치게 하고 있다.

10. 건강상품에 지나치게 돈을 쏟아붓고 있다.

11. 담배가 늘었다.

12. 잠이 늘었다.

13. 잠들 수 없다.

14. 어디에도 나가지 않고 그 사람의 전화를 기다린다.

15. 언제나 기분이 처져 있다.
16. 일에 집중이 안 된다.

당신의 몸이 이렇다면?
1. 갑자기 위가 쿡쿡 쑤신다.
2. 온몸이 긴장 상태다.
3. 심장이 두근거린다.
4. 언제나 구부정한 자세가 된다.
5. 피로감이 없어지지 않는다.
6. 기운이 없다.
7. 두통이 자주 있다.
8. 만성적인 위통에 시달린다.

자, 이제 당신이 어떤 남자를 만나고 있는지 알겠는가?

내 인생에 그 왕자가 마지막은 아니다   ○○○○○

실연,
난 뭐가 문제지?

    매번 실패만 하는 연애, 도대체 무엇이 문제인지 모르겠다고 생각하는 사람들이 있다. 대체 "난 뭐가 문제지?" 매일 밤낮을 고민하지만 늘 해답은 "그래, 모든 건 내 문제야"뿐이다. 심지어는 "난 태어나지 말았어야 했나 봐", "내가 좀 더 있는 집에서 태어났더라면……"이라는, 도저히 해결할 수 없는 무덤으로 들어가는 사람들도 있다.

    그러나 원래 '문제'라는 건 그 누구에게도 다 있게 마련이다. 어떤 사람도, 어떤 관계도 아무런 문제 없이 완벽할 수는 없다. 결국 문제라는 건 본인이 어떻게 생각하고 어떻게 받아들이고 어떻게 해결하느냐에 달려 있다.

    <u>"내가 문제야"라고 생각해버리면 절대로 답이 나오지 않는</u>

다. 그런 생각은 문제를 해결해주지도 않을뿐더러 나 자신의 존재 자체를 부정하는 것이다. '나의 어떤 부분, 어떤 태도가 문제였나?'라고 생각해야 한다.

남자와 이별을 하고 친구들에게 얘기를 하면 많은 친구들이 이렇게 말한다.

"그 남자, 이상한 남자네. 다른 남자 만나."

이것은 곧 '나도 잘한 건 없지만 그 남자도 잘한 게 없다'는 얘기다. 이는 결국 다른 남자를 만나면 달라질 것이라는 기대만 갖게 할 뿐이다.

실연 후에 여자들은 어떻게든 이별의 원인을 찾아보려고 한다. 심지어 실패에서 배운다는 격언도 늘 들어왔으니까. 그러나 실연 후, 문제를 찾아보려고 할 땐 신중하게 생각해야 한다. "내가 뭘 잘못했지?"라고 생각하기 시작하면 아무리 생각해도 잘못한 건 없고 잘한 것만 생각날 뿐이다. 잘못한 것과 잘한 것의 기준도 순전히 자신에게 있기 때문이다.

자신의 태도를 생각해보니 매일 안부 전화도 해주고 기념일마다 선물도 해주고 건강까지 걱정해서 이것저것 챙겨줬다. 그러다 지난주에 여행 좀 가고 싶다고 징징거린 것을 떠올리고는 '아, 내가 여행 가자고 한 게 잘못한 건가 보다. 사과하면 돌아오지 않을까?'라고 생각한다.

심지어 먼저 연락해서 "내가 더 잘할게. 우리 다시 시작하자"고 말하기도 한다. 그래 봤자 돌아오는 건 "나한테 시간을 좀 줘"라는 냉정한 대답뿐.

그 말을 들은 후, 이대로 놔두면 정말 헤어지게 될 것 같아서 그 남자로부터 연락이 없더라도 일주일에 한 번 정도는 전화를 하리라 결심한다. 그래야만 내 존재를 잊지 않고 언젠가는 돌아올 것이리라 믿어 의심치 않으면서.

여자들은 관계를 차곡차곡 쌓아나가는 것이라고 생각하기 때문에 1년이 넘게 잘 만나왔다면 사소한 실수 하나쯤은 눈감아줄 수 있다고 생각한다. 그러나 남자는 흑과 백의 구분을 매우 분명히 한다. 백에서 흑으로 마음이 돌아섰다면 마음을 다시 돌릴 가능성은 거의 없다고 봐야 한다. 이래서 처음부터 자신에게 호감이 없는 남자를 선택해버린다면 결국에는 상처를 받게 마련인 것.

그러니 실연의 문제는 '나의 어떤 태도'에 있는가를 생각하는 것이 좋다. 결혼할 마음이 없는 남자에게 노골적으로 결혼하자는 압력을 넣었다가 "난 결혼 생각이 없어"라는 대답을 듣고는 "결혼할 생각도 없이 나를 가지고 논 놈"으로 남자를 몰아세우는 여자들도 많이 봤다.

이런 경우, 이별 후에 "난 잘못한 거 없어. 그 남자가 나쁜 놈이었어"라고 결론을 내리고는 다른 남자는 다를 거라는 기대를 하거나 남자는 다 똑같다며 경험만 하나 더 축적하는 경우도 있다.

그러나 대부분의 실연을 보면 처음부터 남자가 여자를 많이 좋아하지 않았던 경우가 대다수다. 혹은 처음에는 남자가 좋아했지만 여자에게 흥미가 떨어지고 질려서 떠난 경우다.

<u>더 이상 '나를 좋아하지 않는 남자'를 나쁜 남자로 찍어놓고 세상 남자들의 99퍼센트를 나쁜 놈으로 만들지 말자.</u> 그 남자는 단지 나에게 관심이 없었고 내가 접근하니 받아준 남자일 뿐이다. 그 사람도 자신이 정말 좋아하는 여자가 나타나면 적극적으로 구애를 하는 남자다.

더 중요한 것! '내가 왜 이런 험한 세상에 태어났을까' 하는 존재의 부정에까지 빠지는 어리석은 실수는 하지 않길 바란다. 당신은 당신을 좋아하고 당신에게 적극적으로 구애하는 당신만의 남자를 만나 행복해지면 된다.

내 인생에 그 왕자가 마지막은 아니다   ○○○○○

이별을
두려워하지 마

데이트하는 내내 왠지 남자가 기운이 없어 보인다. 말수도 적어진 것 같다. 몇 시간이나 공들여 화장하고 차려입고 나온 자신이 괜히 오버하는 것만 같다. 그리고 별 말도 없이 헤어진다.

이쯤이면 대부분 여자들은 바로 이별에 대한 소설 쓰기에 들어간다. 지난번까지만 해도 데이트할 때 신나 보였는데 왜 오늘은 어두울까, 어디서 나에 대한 나쁜 소문을 들은 게 아닐까. 어젯밤에 통화할 때 내가 무슨 말 실수를 한 게 아닐까. 이러다가 '헤어지자고' 하면 어쩌지? 그러면 나는 그때 뭘 어떻게 해야 할까? 지금 이 남자를 놓치면 또 어디 가서 남자를 만나지? 내 인생은 왜 늘 이 모양일까? 세상은 왜 늘 내 편이 아닐까?

울컥하는 기분에 친구에게 전화를 걸어서 수다를 떨어보지만 딱히 할 말도 없다. 그러다 친구한테 '너는 번듯한 애인이라도 있지'라는 타박만 듣는다. 집에 도착하니 그에게서 문자가 온다.

"오늘 피곤했을 텐데 푹 쉬고. 또 연락할게."

문자를 뚫어져라 쳐다본다. 이 의미가 뭘까, 헤어지자는 의미일까? 진짜로 또 연락한다는 의미일까?

일단 그 상태에서의 우울함은 남자가 만나자고 연락을 해올 때까지 계속된다. 만약 다시 만났을 때 남자의 표정이 환하다면 '역시 난 쓸데없는 걱정을 한 거야'라고 넘어간다. 그러나 표정이 여전히 어둡다면 다시 '현장 실시간 이별 소설 쓰기'에 돌입한다.

'오늘은 나한테 헤어지자고 할지도 몰라. 오늘이 마지막 데이트겠지. 아, 이별은 너무 싫어.'

이런 생각을 하면서 애써 밝은 얼굴로 남자를 대한다. 그러다 조금씩 밝아지는 남자의 표정을 보며 나름 안심한다.

'아, 이제 내가 잘해주니까 기분이 좋아지나 봐. 헤어질 생각은 없었나 봐.'

이렇게 하루가 마무리된다.

왜 이렇게 이별을 두려워하는 걸까? 단순히 이별을 두려워하는 것이 아니다. 이별 후의 새로운 만남까지 두려워하는 것이다. 만약 미래에 타임머신을 타고 갔다 와서 지금 만나는 남자가 다섯 번째 남자고 여섯 번째 남자가 더 있다는 것을 안다면 그렇게 두렵지 않을 것이다.

우리는 이별도, 만남도 두려워한다. 만남을 두려워하지 않는다면 이별도 두려워할 필요가 없다. 이별 후에 또다시 새로운 사람을 만나면 되니까.

<u>당신이 지금 그 남자와 헤어지더라도, 당신이 조금도 변하지 않더라도 지금 그만한 남자는 얼마든지 다시 만날 수 있다.</u> 이것은 희망이 아니라 사실이다. 지금 남자보다 못한 사람은 본능적으로 만날 수가 없다. 이미 좋은 것을 경험했기에 그보다 못한 것은 무의식적으로 거부하기 때문이다. 그러므로 이별을 한다고 해도 지금 정도의 남자, 혹은 그 이상의 남자를 만날 확률이 높다.

흔히 아기를 키울 때 첫째보다 둘째가 더 쉽다고 한다. 어떻게 될지를 알기 때문이다. 첫째 때에는 도대체 이 애가 언제 어떻게 될지 아무것도 모른다. 우유병도 제대로 잡지 못하는데 도대체 언제 우유병이나 제대로 잡을지 걱정만 가득하다. 그러나 둘째는 지금 우유병을 못 쥐더라도 대강 언제쯤이면 우유병을 잡게 될지 알고 있다. 그렇게 미래를 안다는 것 자체가 힘든 육아조차 쉽게 느껴지게 한다.

당신은 지금 첫째 아기가 아니라 둘째 아기를 키우고 있는 것이다. 지금 그 남자와 헤어지더라도 그 정도의 새로운 남자를 만날 수 있다는 자신감을 갖자. 어찌 보면 이별이 두려워 어정쩡한 시간을 보내고 있는 동안 미래의 남자친구와 만나는 시간만 연기되고 있는 것인지도 모른다.

이별을 하지 않더라도 이별을 두려워하지 않는다면 지금 만나고 있는 남자를 훨씬 여유롭게 대할 수 있다.

단순히 '이별을 두려워하지 말자'고 외친다고 해서 생각이 바뀌지는 않는다. '난 얼마든지 새로운 남자를 만날 수 있어'라는 생각이 이별을 두려워하지 않게 만든다.

내 인생에 그 왕자가 마지막은 아니다

남자는 먼저 헤어지자고 하지 않는다

늘 의문이 들지만, 왜 남자들은 처음에 사귈 때나 만나자고 할 때, 고백할 때는 적극적이다가 헤어질 때만 되면 애매한 태도를 취하는 것일까? 처음 다가올 때의 모습이라면 이별을 할 때도 딱 잘라서 "우리 헤어지자!"라고 하면 될 것을, 그 말도 못하고 답답하게 연락을 피하기만 한다. 대놓고 헤어지겠느냐고 물어봐도 일이 바쁘다고만 한다.

그래서 그 말만 그대로 믿고 마냥 기다리다 보면 왠지 다른 여자가 생긴 것 같은 생각이 든다. 그런데도 남자는 여전히 헤어지자는 말을 안 한다. 여자는 헤어지자는 말을 안 하니 더 기다려볼까 하는 생각도 갖는다.

그러던 어느 날, 진짜로 다른 여자가 있다는 것을 알게 되고 충격을 받는다. 어차피 헤어질 수는 있다고 생각했는데, 왜 똑 부러지게 헤어지자는 말은 안 하고 이렇게 뒤통수를 쳤는지 도무지 이해가 안 된다.

'다른 여자가 생겼으니 헤어져달라'고 했으면 쿨하게 헤어져줄 수 있었는데, 이런 배신감을 맛보게 하다니 오히려 더 원망스럽다.

여기서 남자의 입장이 되어 생각해보자. 여자친구에게 관심이 떨어졌다. 그런데 굳이 헤어지자고 말할 필요성을 못 느낀다. <u>그냥 가끔 만나서 저녁을 먹고, 영화도 보고, 혹시 섹스를 한 사이라면 잠자리도 할 수 있는데 굳이 헤어지자고 말할 필요까진 없다.</u> 그냥 만나는 시간을 줄이면 된다. 그래서 여자친구에게는 일 핑계를 댄다. 여자친구가 알아들었는지 별로 연락을 해오지 않는다. 만약 반대로 연락을 자주 해오면 짜증을 내면서 일이 바쁘다고 하면 좀 수그러든다. 그러다가 좋아하는 다른 여자가 생겨서 몇 번 만나본다. 전의 여자친구는 이미 만나는 횟수도 줄었고 자신이 피하면 알아채겠지 싶고 또 별로 말할 필요성을 못 느낀다.

여자친구가 새로 생긴 여자친구의 존재를 알아버렸다. 다른 여자가 생긴 걸 말해줬으면 쿨하게 헤어져줬을 거라고 하는데 그 말을 믿을 수가 없다. 여자에게는 미안하지만 오히려 이렇게 들켜서 헤어지는 편이 낫다는 생각도 든다. 남자는 이렇게 헤어지자는 말도 없이 여자와 헤어진다.

남자 쪽에서 여자에게 굳이 헤어지자는 말을 할 필요성은 거의 없다. 정말 이 문제야말로 남자의 양심에 호소해야 한다고 보는데, 사실 우리는 누구나 다른 사람에게 상처 주는 말을 하고 싶지 않다. 여자들도 마찬가지다. 헤어지고 싶은 사람이 하는 연락은 받지 않는다. 그냥 그러다 남자가 지칠 거라고 생각한다.

남자들은 이미 이 방법을 쓰는 것이다. 그러니 우리는 그냥 남자에게 헤어지자는 말을 듣는 걸 기대하지 말자. 그리고 여자 쪽에서도 헤어지자는 말 없이 그냥 헤어지는 편을 택하자. (헤어지자고 말하고 헤어져도 큰 상관은 없다.)

세상의 많은 이별은 언제가 마지막인지도 모르게 끝난다. '나라면 확실하게 헤어지자고 말할 거야. 대체 남자들은 왜 그래'라며 남자의 의지까지 지배하려 하지는 말자. 당신만 고달파진다.

내 인생에 그 왕자가 마지막은 아니다 ○○○○○

한 달이면
다 잊을 수 있어

　　　　　　　　　　이별은 그 말을 언급하는 것조차 가슴이 무너질 정도로 마음 아픈 일이다. 한동안은 정말 서로 사랑한다며 한시도 떨어질 줄 모르던 연인이 어느 날 갑자기 존재조차 없어진 셈이니, 그 상실감은 이루 말할 수 없다.

　실연의 상처로 정신은 물론 몸을 망가뜨리는 사람들도 있고, 몇 년씩 다른 사람을 사랑할 수 없을 정도로 회복 불능의 상태에 빠지는 사람들도 있다. 그리고 그런 이별이 남에게만 일어나라는 법도 없다. 오늘, 바로 나에게 이런 끔찍한 이별이 일어날 수도 있다.

　이별이 아픈 것은 차였기 때문이다. 만약에 본인이 남자를 찬 경우라면 그렇게 아프지 않고 끝낼 수 있다. 진짜 힘든 이별은 세 가지 조건을 갖추었을 때다. '먼저 고백하고, 헌신하고, 남자에게 차인 경우'.

지금 당신이 이런 경우라면 오늘부터 그 남자를 당장 잊어야 하는 것은 물론이고 새로운 남자를 만나는 데 모든 에너지를 쏟아야 한다. 그러지 않으면 이별의 상처를 극복하기는 더욱 어려워진다. 이별 후에 실천할 몇 가지를 알아보자.

첫째, 먼저 연락하지 않는다.

아마도 아픈 이별에 도달했다면 당신은 아직도 '먼저 연락하지 않기'가 훈련이 되지 않았음에 틀림없다. 그렇다면 이제부터 철저하게 먼저 연락하지 않기에 돌입해야 한다. 절대로 잊지 말자. 먼저 연락하지 않기만 실천해도 한 달 후면 마음의 평안을 찾을 수 있다.

혹시 중간에 먼저 연락을 하게 되면 그 기간은 더 늘어나게 된다. 먼저 연락하지 않기가 정 어렵다면 이런 방법을 써보자. 연락을 하고 싶을 땐 영화나 드라마를 본다거나 방 청소를 시작해서 '한 시간 연락 안 하기'를 실천해보자.

한 시간 동안 연락 안 하기에 성공했으면 그 다음에는 두 시간으로 늘려보자. 드라마 두 편을 연달아 본다거나 방 청소뿐만 아니라 욕실 청소까지 해보자. 그렇게 시간을 지끼 늘려기디 보면 24시간 연락 안 하기도 가능해지고 일주일, 한 달까지 연락 안 하기가 가능해진다.

정 연락을 하고 싶으면 친구나 가족에게 전화를 하자. 애인 외에 늘 연락할 수 있는 사람 다섯 명 정도를 확보해두자. 이것 하나만 지켜도 당신은 반드시 한 달 안에 마음의 평온을 찾을 수 있을 것이다.

둘째, 남자와 관련된 모든 것을 없앤다.

이별 후 가장 힘든 것은 매 순간 그 남자가 떠오른다는 사실이다. 바로 감정 고리 때문인데, 그 감정 고리를 빨리 끊어내는 것이 이별의 상처에서 빨리 빠져나오는 방법이다.

남자와 관련된 사진이나 물건을 버리고, 메신저를 삭제하고, 미니홈피 일촌도 끊고, 그 주변의 친구와 아는 사람들과의 관계 등 모든 것을 끊어버리자. 혹시 다른 사람에게 누를 끼칠까 걱정할 필요는 없다. 지금 가장 아픈 사람은 바로 당신이니까. 당신이 아프지 않아야 다른 사람들과도 잘 지낼 수 있다.

남자친구와 관련된 사람을 나중에 따로 만나야 한다면 시간이 흐르고 나서 다시 연락해도 전혀 문제될 것이 없다.

남자를 떠올리게 하는 물건도 버리고 행동이나 모임도 다 그만두자. 가능하다면 전혀 다른 물건을 사고 다른 행동을 하고 다른 모임에 나가자.

셋째, 다른 남자를 만난다.

물론 이것조차도 어려운 일이라는 것을 필자도 알고 있다. 이별 후에 무슨 정신이 있다고 다른 남자를 만나겠는가. 그러나 이별 후 가장 빨리 다른 남자를 만나는 사람이 가장 빨리 새로운 사랑을 할 수 있는 기회를 얻는다.

이것은 영어 공부에 집중은 안 되어도 책이라도 펴놓고 있는 것과 같은 원리다. 당장 영어가 눈에 들어오진 않지만 책이 가까이 있고 또 몇 번 들여다보면 감각은 죽지 않는다. 연애 감각이 죽고 또다시 살아나길 기다렸다가 다른 사람을 만나기에는 너무 많은 시간이 걸릴 수 있다. 그리고 그만큼 새로운 사랑이 찾아오는 것을 본인이 늦추게 된다. 마음을 치유하고자 다른 남자를 만나지 않는 것이 오히려 자신에게 마이너스가 되는 결과를 초래한다.

이별 후에 할 일은 이렇게 세 가지다. 세 가지 모두 실천하기가 힘들다면 꼭 첫 번째 '연락 안 하기'만이라도 실천하자. 그러면 한 달 후에 이별의 고통에서 벗어날 수 있다. 기억하시길. 한 달이다. 이 뼈아픈 고통도 한 달이면 사라진다.

내 인생에 그 왕자가 마지막은 아니다 ○ ○ ○ ○ ○

한 번만 더
연락해 볼 필요는
없어

"그 남자가 저한테 관심이 없는 건 알아요. 그런데 한 번만 더 연락해보면 안 될까요?"

"그 남자랑 헤어진 건 알아요. 하지만 한 번만 더 만나서 정리하고 싶어요. 제가 연락해볼까요?"

많은 분들이 이렇게 상담을 요청해온다. 현실은 인식했으나 마음의 정리를 할 시간이 필요하다는 뜻으로 하는 말이다. 그러나 이런 마음은 아직도 현실을 인식하지 못한 상태라는 방증이기도 하다.

남자와 소개팅을 했다. 만나서 즐거웠고 집에 도착했더니 문자도 보내왔다. 그러고는 일주일째 연락이 없다. 남자가 나한테 관심이 없는 것은 알지만 그냥 한번 연락해서 남자가 어떻게 나오나 볼 필요는 있지 않을까 생각한다. 정말 만에 하나 어쩔 수 없는 경우가 있는 건 아닌지 확인해볼 수는 있다고 생각한다.

남자가 헤어지자고 했다. 자신도 수긍했지만 생각해보니 그동안 사귄 것에 대한 정리가 필요할 것 같다. 일촌도 끊어야 하고 메신저도 지워야 하고 커플 요금제도 해지해야 할 것 같다. 그리고 인사했던 그의 어머니나 형제들에게 헤어졌다는 인사라도 제대로 해야 좋은 인상을 남기지 않을까 하는 생각도 든다.

관계를 정리하면서 가장 조심해야 할 때가 바로 '한 번만 연락해보고 끝낸다'는 생각이 들 때다. 이런 마음이 드는 자신이 이성적이고 마음의 정리도 다 되었다고 생각할 수 있다. 그러나 그것은 이기적인 착각에 지나지 않는다.

남자 입장에서 보면 소개팅을 하고 그 시간 동안 최선을 다 했고 매너를 지켜 문자까지 보냈다. 거기까지였던 것뿐이다. 남자는 이미 끝난 상태다. 끝나지 않았다고 생각하는 것은 당신 생각일 뿐이다. 다른 사람들에게 물어봐도 다 그 관계는 끝난 관계라고 생각할 것이다. 오로지 당신 혼자서 정리가 필요하다고 착각하고 있을 뿐이다.

이별 후도 마찬가지다. 당신은 남사가 성발로 이별을 하고 싶었다면 '너를 정말 싫어해. 헤어져줘'라고 상처를 줄 말을 했을 것이며, 단순히 '지쳤어', '네가 부담스러워'라는 말은 '네가 날 지치게 하지 않으면 다시 만날 거야', '네가 부담되지 않으면 다시 만날 거야'라는 뜻이라고 마음대로 해석해버린다.

그러나 여기에 큰 함정이 있다. 세상 어떤 남자도 직접적인 말로 노골적으로 이별을 얘기하지 않는다. 그것을 전제로 생각해본다면 남자가 이별을 할 때는 절대 '너를 정말 싫어하니 헤어져줘'라는 말이 나올 리가 없다.

한 번 더 연락을 해서는 안 될 이유는 무엇보다 당신 자신을 위해서다. 앞서 말한 소개팅 후 연락이 없는 남자에게 한 번 더 연락을 했다고 치자. 그때 남자는 여러 가지 반응을 보일 수 있다. 답이 없거나 혹은 좋은 사람을 만나라는 문자를 보내든가, 아니면 요즘엔 바쁘니 다음에 시간 되면 만나자는 등의 반응을. 이런 반응을 받았다면 당신의 마음은 편해질까?

연락하기 전보다 더 상처받거나 더 혼란스러울 뿐이다. 남자는 가만히 있었는데 당신이 연락해서 당신이 원하지 않는 대답만 들어버린 꼴이다. 받지 않아도 될 상처만 더 받는 것이다. 다른 남자를 만날 시간도 그만큼 잃어버리는 셈이고.

이별 후 정리를 위해서 한 번만 더 연락했다고 치자. 남자가 뛸 듯이 기뻐하며 '연락을 기다렸어. 우리 다시 만나자'라고 할 확률은 9회 말, 투 아웃 투 스트라이크 상황에서 만루 홈런을 칠 확률보다 낮다. 능력을 발휘하는 것보다 사람 마음이 바뀌는 게 더 어렵다.

보통 이때 듣게 되는 말은 치욕적이다. 다른 여자가 생겼어, 제발 연락하지 마, 더 이상 널 만나고 싶지 않아 등등. 그 말에 정리가 더 잘 될 것이라고? 그것은 머릿속의 생각일 뿐이다. 막상 겪고 나면 아주 기분 더럽고 자존심 상하고 복수심마저 생긴다. 왜 스스로를 그런 기분에 빠트리려고 하는가?

당신이 원하는 대로 이별을 해줄 남자는 세상에 없다. 당신이 원하는 이별을 해줄 남자라면 당신이 원하는 걸 이미 해줄 수 있는 남자다.

한 번만 더 연락한다는 것은 오로지 당신 머릿속에만 있는 설정에 지나지 않는다. 이별이 당신이 원하는 모습으로 이루어질 수 있다고 생각하지 말자. 한 번만 더 연락해야겠다는 생각이 들 때야말로 그 남자가 나에게 관심이 없는 것이 확실한 때이고, 이미 이별이 일어난 후인 것이다.

내 인생에 그 왕자가 마지막은 아니다   ○ ○ ○ ○ ○

왜 그 남자와
못 헤어질 거라고
생각해?

그 남자가 나쁜 남자인 것도 안다. (물론 나에게만.) 남자에게 먼저 연락하는 건 삽질일 뿐, 안 좋은 결과를 가져온다는 것도 안다. 길거리에 다니는 사람들 중 아무나 열 명만 붙잡고 물어봐도 헤어지라고 말할 거라는 것도 안다. 친구들에게 물어보면 최소한 연락하지 말라고 할 거라는 것도 안다. 이제는 더 이상 물어볼 데도 없어서 점쟁이에게 가봐야 할 것 같다는 생각까지 든다. 혹은 내 머리가 정상인지 정신과에라도 가봐야 하는 건 아닐까 싶기도 하다.

도대체 왜 나는 그 남자와 못 헤어진다고 생각하는 것일까? 헤어지고 좋은 남자를 만나고 싶은데! 그 남자가 잘해주는 것도 아니고 변할 거라는 기대를 버린 지도 이미 오래됐는데 말이다.

그것은 그 남자와 내가 갖고 있는 공감대라는 것 때문이다. 구체적으로 이야기하자면 어떤 공통적인 부분 때문에 그 남자에게서 헤어나지 못하는 것이다. 정확히는 어떤 공통적인 감성 코드라고 할 수도 있다.

비약적이긴 하지만 한 가지 예를 들면, 마약을 하는 남녀는 이별을 하고 서로 미워하더라도 '마약' 때문에 다시 어울리게 된다고 한다. 여자 입장에서 그 남자가 다른 여자를 좋아하든 혹은 자신을 싫어하든 상관없이 마약을 하는 일은 같이 하게 된다는 것. 마약 때문에 그 남자와의 관계를 끊지 못한다는 얘기다.

연애도 마찬가지다. 자신이 불행하다고 생각하면 '자신이 불행하다고 생각하는 남자'를 만나게 된다. 그러면 서로 위로해 주고 행복해질 것 같다고? 절대로 그렇지 않다. 외로운 상태에서는 100명의 외로운 남자를 만나도 위로가 되는 게 아니라 더 외로워질 뿐이다.

외로운 상태에서 만난 남자는 날 더 외롭게 해서 결국 이별로 끝나게 된다. 자신의 외로움이 그 남자에게서도 보였고 그게 공통점이라고 생각했기 때문에 믹싱 헤어시려고 하니 외로운 남자를 놓아줄 수가 없는 것이다. 정작 그 외로움이 본인에게 있다는 생각은 못하면서.

외롭다는 것은 혼자라고 생각하는 것과는 다르다. 인간으로 태어나서 혼자 죽어간다는 것은 객관적인 사실이다. 그런데 그것에 대해서 감성적으로 외롭다고 갖다 붙인 것이다. 사람에 따라서는 혼자라서 편하다고 하기도 하고 상황에 따라서는 혼자인 게 더 즐겁다고도 생각할 수 있다. 그리고 사람들과 어울려도 외롭다고 생각할 수 있다. 그런데 버릇처럼 외롭다고 생각한다는 것은 자신에 대해 상당히 부정적인 생각을 하고 있다는 뜻이다.

그런 부정적인 생각을 갖고 있을 때 만나는 남자는 부정적인 생각을 가진 남자일 확률이 높다. 유유상종이라고 동종에게 끌리는 법이니까. 그리고 오히려 밝고 긍정적인 기운이 넘치는 남자는 왠지 모르게 부담된다는 생각이 들어 피하게 된다.

그런데 <u>자신이 외롭지 않고 마음이 충만해지면 더 이상 외로움을 가진 남자에게 끌리지 않는다. 그리고 혹시 그 남자의 부정적인 마음의 코드(외로움 포함)를 보게 된다면 이 남자와는 못 만나겠다는 생각을 하게 된다.</u>

'왜 이 남자랑 헤어지지 못할까?'라는 건 아직도 자기 자신 안에 있는 외로움 때문일 수 있다. 원래 자신이 갖고 있던 외로움인데도 불구하고 그 남자를 통해서 위안받고 있다는 생각에 지금 그 남자가 없으면 더 외로워질 것 같은 불안감이 엄습해오는 것이다. 그리고 그 남자는 나와 비슷한 어두움과 아픔을 가진 사람이니, 헤어지는 게 그 남자를 버리는 건 아닐까 걱정이 되는 것이다.

내가 못 헤어지는 그 남자, 그 남자가 운명의 상대이기 때문에 못 헤어지는 것이 아니다. 그 남자가 나의 외로움을 알아주는 유일한 남자이기 때문에 못 헤어지는 것이 아니다. 그 남자는 당신이 그저 자신 안의 외로움을 스스로 해결하지 못할 때, 서로의 그 외로움을 보며 공감만 할 뿐 아무것도 해결하지 못하는 그런 상태의 동반자에 지나지 않을 수도 있다.

마약 때문에 연결된 옛 연인이 관계를 끊으려면 마약부터 끊어야 하는 것처럼 당신도 자신 안에 있는 부정적인 기운부터 몰아내시길! 자신이 어떤 남자를 만나야 하는지 명확히 보일 것이다.

내 인생에 그 왕자가 마지막은 아니다   ○ ○ ○ ○ ○

유일한 남자라는
생각을 버려

　　　　　　내가 좋아하는 노래 중에 비욘세의 'irreplaceable'이란 게 있다. irreplaceable은 말 그대로 '대체할 수 없는'이란 뜻을 가지고 있다. 다른 말로 하면 유일하다는 뜻이 될 것이다. 하지만 이 노래의 전반적인 얘기는 '너 같은 놈은 얼마든지 있어. 얼른 꺼져~' 이렇게 흐른다.

　원래 사랑이나 연애는 '그 사람밖에 없어' 혹은 '그 사람은 유일한 사람이야'라는 마음에서 시작한다고 볼 수 있다. 이런 마음이 아름답고 당연시되는 것 같다. 그런데 과연 이 얘기가 맞는 걸까?

　연애를 하면서 우리는 수없이 '그 사람은 유일한 사람이다'라는 생각을 한다. 유일한 사람이라는 생각에는 여러 가지 전제

조건이 붙는다.

고등학교 때 처음으로 미팅한 유일한 남자, 대학교 신입생 OT에서 술 많이 마신 나를 처음 업어준 유일한 남자, 내가 남자 때문에 괴로울 때 고민을 들어준 유일한 남자, 내가 어떤 음식을 좋아하는지 아는 유일한 남자, 나에게 처음으로 꽃을 선물한 유일한 남자, 이렇게 유일한 남자가 되고 나면 꼭 사귀어야 할 것 같고 운명이라 여기고 헤어질 수 없다고 생각하게 된다. 그리고 다시는 그런 남자를 못 만날 것 같다고 생각한다. 그 남자는 아무도 대체할 수 없는(irreplaceabel) 남자니까. 그런데 정말 그 남자가 유일한 남자일까?

남자에 대해서만이 아니다. 나도 그 남자에게 유일한 여자라고 생각한다. 그 남자가 뭘 좋아하고, 뭘 생각하고, 어떤 성격인지, 내가 유일하게 안다고 믿는다. 그래서 그 남자가 날 배신하거나 버리지 않을 거라고 확신한다. 그런데 과연 유일한 그 남자, 또 유일한 나는 어떻게 되었을까?

이렇게 유일한 남자와 헤어지고 나면 이 세상이 끝난 느낌이 든다. 그 남자는 어떤 남자와도 바꿀 수 없는 남자니까. 앞으로 어떤 남자를 만나도 그 남자만도 못할 거고 그 남자만이 유일한 결혼 상대자라고 생각하니까. 그 남자는 유일한 남자가 아니었고 나도 유일한 여자가 아니었다고 생각한나면 집착하지 않을 수 있다. 실제로 그렇다.

그렇다면 유일하지 않은 사람과 연애하는 게 무슨 의미인가? 의문을 가질 수 있다. 유일한 사람이란 것은 관계를 시작할 때 설정하는 것이 아니라 결과가 말해주는 것이라고 생각한다. 그 남자를 만나고 연애하고 사랑하고 결혼하고 그러는 과정에서 점점 유일한 사람이 되어가는 것이지 처음부터 유일한 사람이라고는 생각하지 않는다.

세상의 인간관계는 생각보다 복잡하고 어렵다. 무조건 내가 유일한 사람이고 또 상대가 유일한 사람이라고 생각한다면 그 생각에 갇혀서 더욱 힘들 수 있다. 그러나 '내가 유일한 사람이 아니고 그 남자가 유일한 사람이 아니다'라고 생각한다면 많은 해결점을 찾을 수 있다.

이 생각은 연애를 시작할 때만이 아니다. 이별을 할 때도 마찬가지다. 그 남자와 이별을 하려고 하다가도 그 사람이 나에게 어떤 의미로든 유일하다고 생각하면 헤어질 수 없다. 심지어 나한테 폭언을 하고 폭행을 하는 남자라도 이 남자만이 나를 이해하는 유일한 남자라고 생각하면 절대 헤어질 수 없다.

내 인생에 그 왕자가 마지막은 아니다 ○ ○ ○ ○ ○

마지막
연애란 없다

지금 연애를 하면서도 혹은 갈등을 느끼거나 이별을 겪으면서 괴로워하는 사람들은 "이번이 마지막 연애면 어떻게 하지?"라는 생각에 불안해한다. 그러나 돌아보면 우리는 처음 연애를 할 때도 이번이 마지막이라고 생각했고, 두 번째 연애를 하면서도 이번이 마지막일 것이라고 생각했고, 세 번째 연애를 하면서도 이번이 마지막 연애일 거라고 믿었다. 그 후에도 이렇게 많은 연애를 했고 많은 남자를 만났으니 이번이 마지막이었으면 좋겠다고 생각한다.

매번 이 연애가 마지막이라고 생각했지만 어느새 새로운 사람을 만나 새로운 연애를 하고 있는 스스로의 모습을 본다. 그렇다면 이젠 그만 이 연애가 마지막일 거란 굴레에서 벗어나는 것은 어떨까?

나이가 걱정이라고? 재미있는 건 나이가 걱정이라는 말을 20대 중반부터 30대 후반까지 공통적으로 한다는 점이다. 나이를 생각하면 이번 연애가 마지막이라는 것이다. 난 별로 예쁘지도 않고 조건도 좋지 않으니 이 남자가 마지막일 것 같다고? 그러나 이것도 마찬가지로 대부분의 여자들이 하는 말이다.

다시 생각해보자. 실제로 마지막 연애라는 게 존재하기는 하는지 말이다. 어떤 게 마지막 연애인지 정의부터 해보자.

결혼에 이르는 연애가 마지막일까? 그렇다면 결혼 후에 찾아오는 연애는 (불륜이라 할지라도) 이미 끝난 마지막에 덤으로 생겨난 감정일까? 결혼 후의 불륜이 마지막 연애라고 치자. 그렇다면 결혼 후에 찾아오는 연애 감정도 한 번으로 끝나리란 보장이 없다.

형태야 어떻든 우리에겐 평생 죽을 때까지 연애 감정이 있는 것이다. 흔히 말하듯이 사랑이란 감정이 내 안에 있듯이 연애 감정도 내 안에 있다. 내 안에 있는 감정이 대상을 만나 구체화되는 것이다. 그리고 그 대상을 언제, 어디서, 어떻게 만날지는 아무도 모른다. 매일매일이 연애 대상을 만나는 하루가 될 수도 있다.

누가 알겠는가. 오늘이 어제까지도 예상하지 못한, 일생일대의 남자를 만나는 날이 될지 말이다. 어차피 회사 가는 길,

학교 가는 길, 돌아오는 길이 정해져 있으니 그럴 일이 없다고?

회사 가려고 버스를 탔는데, 갑자기 사고가 나서 다른 버스로 갈아탔고 그곳에서 가슴 설레는 미남을 만나게 될지는 아무도 모르는 일 아닌가.

하루하루 살아가는 것만으로도 많은 사건들이 있을 수 있다. 그런데 지금 눈앞에 있는 남자가 마지막 남자일 거라고 스스로 정해놓고 어떻게든 결혼해야 한다는 강박관념에 자신을 옭아매고 있는 건 아닌지?

우리에겐 언제나 다음 연애가 있다. 그 다음 연애가 내일 올지 혹은 10년 후에 올지는 아무도 모른다.

다음 연애가 있다고 생각하는 것과 이번이 마지막 연애라고 생각하는 것은 행동에 큰 차이를 가져온다. 마지막 연애라고 생각한다면 지금 만나는 남자에게 늘 많은 것을 요구하고 기대하고 구속하고 집착하게 된다. 그러나 다음 연애가 있다고 생각한다면 지금 만나는 남자를 자유롭게 해줄 수 있다. 다음 남자가 있다고 생각하는 태도는 남자의 어떤 태도에도 상처받지 않고, 심지어 갑작스러운 이별에도 의연하게 대처하게 한다.

우리가 아무리 나이를 먹어도, 예쁘지 않아도, 가진 것이 없어도 마지막 연애는 없다. 우리의 미래에는 늘 다음 연애가 기다리고 있다.

꼭 말리고 싶은 여자들의 착각 20

1. 나보다 학벌이 낮으니 나랑 못 헤어지겠지.
   더 학벌 좋은 여자를 만날 수 있다.
2. 나보다 수입이 적으니 나랑 못 헤어지겠지.
   더 돈 잘 버는 여자를 만날 수 있다.
3. 나보다 못생겼으니 날 못 떠날 거야.
   남자의 인물은 절대적인 경쟁력이 아니다.
4. 나이 차이가 많으니 어린 나를 안 좋아할 리가 없어.
   더 어린 여자를 좋아할 수도 있다.
5. 내가 세상에서 제일 예쁘다고 했으니까 헤어질 리가 없어.
   지금은 다른 여자가 세상에서 제일 예뻐 보일지도.
6. 매일 같은 회사에서 보고 있는데 다른 여자를 좋아할 리가 없어.
   매일 같은 회사에서 보는 다른 여자도 있다.
7. 이 남자가 취직하면 나한테 결혼하자고 하겠지.
   남자는 결혼하기 위해 취직한 것이 아니다.
8. 내가 헤어지자고 하면 잡겠지.
   헤어지자는 말을 기다렸을 수도 있다.
9. 새 옷을 입고 나가면 예쁘다고 하겠지.
   남자친구는 당신의 옷 리스트를 외우지 못한다.

10. 나랑 섹스하는 걸 좋아하니 못 헤어질 거야.
    당신에 대한 목적이 섹스뿐일 수도 있다.

11. 내가 첫사랑이니 못 헤어질 거야.
    사랑은 순서가 중요한 게 아니다.

12. 엄마가 집에 놀러 오라고 한다고 전하면 기뻐하겠지.
    기쁨일지 부담일지 알 수 없다.

13. 지금 양다리니까 그중 한 사람은 선택할 수 있겠지.
    문어발은 되어야 한 사람 정도 선택할 수 있다.

14. 그 사람 엄마가 날 좋아하니까 나랑 헤어질 리가 없어.
    여자가 보는 여자, 남자가 보는 여자는 다르다.

15. 나랑 오래 사귀었으니까 결혼하겠지.
    남자들에게 연애는 연애로만 끝날 가능성도 높다.

16. 이 남자가 뭘 몰라서 나한테 못해주는 거야.
    남자들이 여자에게 잘해주는 것은 본능이다.

17. 그 여자가 먼저 남자를 꼬여서 넘어갔을 거야.
    남자의 의지는 어디로 증발한 걸까?

18. 돈이 없어서 나한테 선물을 못하는 걸 거야.
    작은 것이라도 애정을 표현하는 성의가 필요하다는 것쯤은 남자도 알고 있다.

19. 선물을 비싼 것일수록 좋아할 거야.
    당신 자체가 선물이다. 돈으로 승부하려 하지 말길.

20. 나보다 어리고 예쁜 여자를 좋아할 거야.
    진정 남자친구가 당신을 왜 좋아하는지 알고는 있는지?

이렇게 이별을 극복했다!

히야호호의 체험기

'먼저 연락하지 않기'만 해도
마음이 편안해져요

연락에 집착하며 연애하던 저는 어느 블로그에서 〈인어공주는 왜 결혼하지 못했을까〉라는 책의 서평을 우연히 보게 되었습니다. '연애를 굳이 책으로까지 읽어야 할까? 연애 책을 읽는다고 연애를 잘 할 수 있을까?'라는 의문을 갖고 있던 저였지만 자석에 이끌리듯 어느새 책을 손에 쥐게 되었습니다.

　피오나 님의 연애 책은 무언가 남달랐습니다. 마치 내 마음을 읽는 듯 그때까지 제가 항상 하고 있던 연애 고민을 꿰뚫어 보며 해결할 수 있는 방법을 알려주었습니다. 가장 먼저 실천한 것은 남자에게 '먼저 연락하지 않기'였어요. 남자에게 먼저 연락하면서도 불편했던 마음과 연락을 기다리는 초조한 제 모습이 어리석었다는 걸 깨달았습니다.

　'먼저 연락하지 않기'만 했을 뿐인데 저의 마음은 편안해졌습니다. 연락에 집착하지 않는 마음과 나에게 관심 있는 남자와 그렇지 않는 남자를 구별할 수 있었습니다. 연락이라는 작은 고민으로 시작해 '왜 나의 연애는 항상 즐겁지 않을까?'라는 의문점을 갖고 있었던 제게 '먼저 연락 하지 않기'라는 작은 실천이 행복한 연애를 할 수 있는 위대한 '첫걸음'이라는 걸 알게 되었어요.

책뿐만 아니라 같은 고민을 공유하며 소통할 수 있는 인터넷 카페는 이제 저의 가장 친한 친구가 되었습니다. 특히, 카페를 통해 피오나 님과 직접 소통할 수 있고 만날 수 있는 기회도 있었기에 책을 읽고 느꼈던 감정을 실천하고 변화할 수 있도록 지속적인 도움을 받았습니다.

시작은 연애 고민이었지만 지금은 삶의 전반적인 부분에도 변화가 찾아왔습니다. 나를 더 사랑하는 마음과 긍정적으로 바라보는 시각이 커졌고 현재를 행복하게 살아가는 마음가짐을 얻었습니다.

이 책은 저에게 연애에 있어서 연락이라는 고민의 해답뿐만 아니라 삶의 큰 방향을 잡아준 고마운 존재입니다. 힘들 때 함께 소통할 수 있는 공간 '인공카'와 함께해준 피오나 님과 회원님들께 대단히 감사한 마음을 전하고 싶습니다. 앞으로도 행복한 연애와 결혼, 그리고 삶을 가꾸어가는 제 모습을 그려져 흐뭇한 미소가 저절로 지어집니다.

이렇게 이별을 극복했다!

리루나의 체험기

온전히 사랑받는 느낌을
알게 되기까지

〈인어공주가 다른 남자를 만났다면〉은 관계를 가꾸는 데 있어 나에 대한 통찰을 길러준 책입니다. 연애 실전 경험이 부족하거나 잘못된 연애로 괴로워하는 사람들이라면, 으레 각종 연애칼럼이나 서적들을 훑어보게 마련이지요. 오죽하면, "연애를 글로 배웠어요"라는 농담이 있을까요?

저 역시 '반복적으로 무언가 잘못 되어 끝을 맺는 연애'의 문제점이 도대체 무엇인가에 대한 갈증으로 여기저기 헤매다가 우연히 피오나 님의 '인어공주는 왜 결혼하지 못 했을까' 카페에 처음 발을 디디게 되었습니다.

처음 〈인어공주가 다른 남자를 만났다면〉을 읽으면서 느꼈던 신선한 충격이 기억납니다. 이 책은 제게 '남녀 관계에 대한 새로운 관점'을 제시해주었으니까요. 저는 철벽과 징징으로 시작해 관계가 진전되면 삽질과 의존을 하게 되는 총체적 난국이었습니다. 이 책을 계기로 내 연애의 문제점을 파악하게 된 게 행운이었습니다. 단순한 깨달음에 그치지 않고 지속적인 변화가 가능했던 것은 '인공카' 덕분이라고 생각합니다. 그 후로 칼럼 복습, 만남 후기 작성, 인공카 학교 수료, 닥결(닥치고 결혼) 세미나까지 일련의 과정들을 거치면서 '관계의 본질을 바라보는 통찰력'을 기를 수 있었습니다.

또한, 남자뿐만 아니라 삶을 대하는 태도와 마음가짐까지 많은 변화를 겪었습니다. 이 변화가 가져온 가장 큰 수확은 다름 아닌 '온전히 사랑받고 있는 여자임을 느끼는 행복한 연애'일 것입니다.

물론, 행복한 연애가 행복한 결혼이 되기 위해서, 그리고 행복한 삶을 유지하기 위해서 앞으로도 꾸준히 나 자신(몸과 마음 모두)을 가꾸어 나아가야 할 테지만 말이에요.

행복한 연애를 하고 싶다면, 나 자신부터 변화해야 한다는 것을 기억했으면 합니다. 그리고 변화를 위해서는 상상 이상의 많은 노력이 필요하다는 것도요. 그 노력이 헛되지 않길 원한다면, 바로 이 책 〈인어공주가 다른 남자를 만났다면〉을 '올바른 나침반'으로 삼으시길 바랍니다. 절대 후회 없는 선택이 될 거예요.

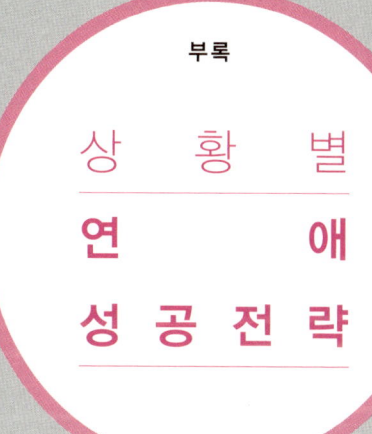

짝사랑을 이루는 법

당신이 짝사랑이라고 인식한 순간, 적어도 남자는 당신에게 관심이 없다는 것을 알아야 한다. 극단적으로 말하자면 당신은 남자의 타입이 아닐 수도 있다. 이럴 때 무작정 달려들어 '고백'을 하는 것은 얼굴만 알 뿐이던 사람이 갑자기 다가와 친하게 지내자며 손을 내미는 것만큼 어색한 일이다. 갑자기 다가서는 것은 상대방에게 의아함만 심어주지 호감을 만들어주지는 못한다. 오죽하면 남자들도 처음엔 우연을 가장해서 여자 주변을 맴돌겠는가.

짝사랑하는 남자와 제대로 시작하려면 자연스러운 '거리 좁히기'가 필요하다. 그러면서도 당신이 남자에게 관심 있다는 것이 드러나지 않아야 한다. 종종 '쟤가 너 좋아한대'라는 소문을 내기도 한다. 주의할 점은 이런 식으로 소문이 나버리면 그저 집단적 흥미거리로만 일단락될 가능성이 크다는 것. 그러니 주변 사람들에게도 짝사랑에 대해 비밀로 하는 것이 좋다. 당신은 그저 관심이 없는 척 지내며 우연의 계기를 만들어야 한다.

짝사랑이라는 것은 남자가 당신에게 친구 혹은 동료라는 인상은 있어도 이성적 끌림은 없다는 뜻일 확률이 높다. 편하고 자연스러운 관계로 지내다가 남자가 당신을 이성으로 느끼도록 만들어야 한다. 그래서 회사, 학교에서 오래 알고 지낸 후에 자연스러운 계기를 활용하여 애인이 되는 경우가 짝사랑을 이루기에 가장 좋은 방법이다.

또한 짝사랑을 이루는 데는 시간이 필요하다. 최소한 6개월에서 1년은 잡아야 한다. 그러므로 시작하기 전에 정말로 그 남자에게 장시간을 써도 될지 곰곰이 생각해봐야 한다. 짝사랑의 상대도 지켜보며 다른 남자들도 함께 만나보기를 권한다. 당신의 소중한 시간은 그 누구도 뺏을 수 없으니까.

사내 연애에 성공하는 법

회사를 일하는 곳이라고 생각하지만 사실 회사만큼 연애하기 좋은 곳도 드물다. 남녀 비율이 맞지 않는 회사도 있겠지만 그래도 비슷한 나이의 남녀가 일을 하며 공존하는 곳이다. 게다가 하루의 절반 가까이 되는 시간을 함께 보낸다. 이렇게 타의적으로 이성에게 자연스럽게 노출되는 곳이 또 있을까.

회사에서 마음에 드는 사람이 있다고 해도 절대 먼저 접근하지 마라. 고백을 하고 안 하고를 떠나서 절대로 티를 내서는 안 된다. 친한 동료에게도 절대 얘기하지 말 것. 스스로를 보호하기 위해서다.

회사는 남자에게 아주 중요한 곳이다. 노동의 대가로 돈을 받고 그 돈으로 자신과 가족의 생명을 연명해야 하니까. 어떤 남자도 '잠깐 다니다 싫으면 말지'라는 자세로 직장을 다니지 않는다. 그렇기 때문에 직장을 희생할 각오까지 하면서 여자나 한번 만나보자는 생각은 더더욱 하기 힘들다. 남자가 접근하지 않는다면 '목숨 걸고 나를 사랑할 준비가 안 되었구나'라고 생각하자. 만약 사내에서 남자가 접근했다면 그것은 결혼도 전제로 한다는 의미일 가능성이 크다.

그 후에는 당신이 알고 있는 대로 행동하면 된다. 사내에서 일 이외의 대화는 하지 말자. 가능하면 문자 등을 이용하고 개인적인 대화는 무조건 만나서 한다. 업무상 둘만 있게 되더라도 절대 사적인 얘기는 나누지 말 것.

데이트도 마찬가지다. 일하다 퇴근 시간이 맞으면 항상 같이 밥 먹으러 가는 암묵적 약속이 되어 있을 수 있다. 이 눈치 저 눈치 보며 남자와 퇴근 시간을 맞추기 위해 전전긍긍하기도 한다. 그러지 말자. 과감하게 퇴근 시간이 되면 자리를 박차고 일어나서 본인의 스케줄대로 움직여라. 남자가 2~3일 전 미리 신청한 주말 데이트 정도에만 응하면 된다. 아무리 가까이 있어도 남자가 원하면 아무 때든 만날 수 있는 여자가 되지 말자.

또 하나, 자신의 커리어를 중시하자. 일과 사랑은 별개다. 사랑할 땐 남자에게 기대고 사랑받고 싶은 게 여자이지만 일에서는 자신의 능력을 마음껏 발휘하며 남자들과 경쟁해야 한다. 남자친구를 배려하는 마음으로 자신의 기회마저 양보하지는 말길!

회사 안과 밖의 관계를 제대로 구별만 한다면 사내 연애는 행복한 결혼으로 가는 지름길이 될 수 있다.

연하남과 연애하는 법

남자가 연상의 여자를 좋아한다는 것은 나이를 초월해 자기 타입의 여자를 찾았다는 뜻이다. 그러나 연상을 선택했더라도 남자가 기대하는 것은 여성성이다. 여자들은 흔히 자신이 연상일 경우 누나처럼 접근하거나 혹은 나이가 어리니까 더 배려해주면 좋아해줄 것이라 착각하고 연상의 남자나 동갑을 만날 때와는 다른 태도를 취한다. 무엇보다 기본적으로 '남녀관계'임을 잊지 말아야 한다.

남자가 연하일 경우 더더욱 여자가 먼저 접근해서 이루어지기는 힘들다. 남자들의 대다수는 연상의 여자에 대해서 여성성을 느끼기 어렵다. 그런데 연상-연하 커플을 보면 연하인 남자가 연상의 여자에게 열심히 대시한 경우가 대부분이다.

여자가 나이가 많다는 이유로 처음에 거부한 게 남자의 도전의식을 자극했기 때문. 이렇게 남자가 여자에게 열심히 대시했기 때문에 연상-연하 커플은 원만하게 만남을 이어갈 수 있다는 장점이 있다.

그러나 그 이후에도 여자 입장에서는 계속 여자의 역할로 남자를 컨트롤해야 한다. 연상의 누나로서가 아니라 여자로서 남자를 남자로 대접해줘야 한다.

여전히 먼저 연락하지 않아야 하고 데이트를 할 때도 괜히 더치페이를 할 필요가 없다. 특히 그가 모를 것 같은 것을 가르치려고 해서도 안 된다. 그는 나를 리드하고, 노력을 해서 나를 즐겁게 해주는 남자의 역할을 하고 싶은 것이다. 기본적인 남녀 관계의 룰만 잊지 않으면 연하남과의 연애도 해피엔딩을 맞을 수 있다.

유학생활을 하며 연애하는 법

<u>첫째, 한국에서 사귀던 관계가 장거리 연애로 바뀐 경우라면?</u>

　이 경우는 '장거리 연애에 성공하는 법'(〈인어공주는 왜 결혼하지 못했을까〉 참조)과 다르지 않다. 무리하게 통화를 오래 하거나 특히 화상통화로 늘어지게 얘기하는 것은 바람직하지 않다. 남자친구를 보러 가기 위해 갑자기 비행기를 타는 일은 하지 말자.
　자신의 공부를 위해 남자친구와 떨어지는 것을 선택한 것은 자신이다. 목적을 위해 노력하고 남자친구의 애정을 믿자. 자신이 옆에 없음으로 인해서 다른 여자를 만난다거나 하는 상상도 금물. 오히려 당신이 그런 불안한 마음으로 남자를 들볶게 되면 결국엔 그 불안한 상상이 현실이 된다.

　<u>둘째, 외국에서 만난 한국인 남자와의 연애.</u>

이 경우야말로 특수 상황이다. 대부분 학교에서 만나니까 수업이 시작할 때부터 끝날 때까지 함께 있고, 심지어는 동거까지 한다. 그러나 한국에 돌아와서도 그 관계가 이어져 결혼까지 하는 경우는 드물다. 오히려 유학 시절에는 친구로 지냈다가 한국 혹은 제 3의 장소에서 다시 만나 연애를 하고 결혼을 하는 경우가 더 많을 정도.

<mark>외국에서 만나 외로운 마음에 뜨거운 연애를 하게 될지라도 매일 만나는 것은 피하자.</mark> 동거를 하는 것은 절대 추천하고 싶지 않다. 남자친구와는 어느 정도 독립된 생활을 유지하도록 하자.

셋째, 외국인과의 연애.

대부분 외국인과 만나는 경우 한국 남자와는 다르다는 인식을 갖는다. 그러나 외국인이라는 것을 떠나서 남녀관계라는 것이 우선이다. 지금까지 한국 남자를 대해온 것과 같이 당신은 먼저 만나자고 하거나 먼저 고백을 해서는 안 된다. 일부러 더치페이를 할 필요도 없다. 매일 만나자는 유혹, 동거하자는 유혹에도 넘어가서는 안 된다.

외국인 남자도 결혼 상대에 대해서만큼은 보수적으로 생각한다. 물론 결혼을 생각하지 않는다면 더더욱 남자의 요구사항을 들어주거나 배려할 필요가 없다.

정말로 좋아하는 여자를 만나는 방법
(남자분들에게 드리는 글)

첫째, 먼저 연락하세요.

소개팅을 했거나 혹은 인터넷에서 마음에 드는 여자를 만났다면 꼭 먼저 연락하세요. 예를 들면 첫 만남 후에 여자가 집에 도착할 때쯤까지는 그날의 데이트가 즐거웠다고 문자를 보내세요. 여자의 마음이 어떤지 궁금해서 여자의 연락을 받고 난 후 연락을 하겠다는 생각이 들었다면 당신은 그 여자를 정말로 마음에 들어 한 것이 아닐지도 모릅니다.

먼저 연락할 마음이 들지 않는다면 과감히 연락을 하지 않아도 됩니다. 혹시나 매너 없는 남자로 욕먹는 것이 걱정된다면 24시간이 지나서 의례적인 감사의 문자만 한 개 보내면 됩니다. 이럴 땐 되도록 만나자는 얘기는 언급하지 않는 게 좋을 것입니다.

당신에게 관심이 있는 여자라면 당신이 '즐거운 데이트, 감사하다'고 보낸 문자에 늦어도 24시간 안에는 답장을 보낼 것입니다. 그러나 답장이 오기까지의 시간으로 여자의 애정을 측정하진 마세요.

여자들의 사고 메커니즘은 아주 복잡합니다. 반갑다고 바로 답을 하지 않을 가능성도 상당히 높습니다. 대신 24시간 동안 답이 오지 않는다면 당신에게 관심이 없다고 봐도 상관이 없을 것입니다. 답을 받았다면 되도록 일상의 안부를 묻는 것보다는 다음 데이트를 신청하세요. 당신이 주 초에 데이트를 신청했을 때 여자분이 수락한다면 당신에게 마음이 있는 것입니다.

데이트 시간은 여자분에게 맞추는 것이 중요하겠지만 우선은 토요일 오후로 잡으세요. 매주 그 시간을 내주는 여자라면 다른 남자와 데이트를 하지 않고 있거나 혹은 다른 남자가 있더라도 당신이 1순위라는 뜻입니다. 그녀의 토요일 오후 시간을 선점하려면 데이트 신청을 빨리 해야 합니다. 그러므로 당신이 먼저! 그녀에게 연락해서 데이트 약속을 잡아야 합니다.

둘째, 연락을 해서 답이 없다면 두세 번 더 해보세요.

당신이 문자를 보냈는데 답이 없다거나 전화를 했는데도 받지 않는다면 두세 번 더 해보세요. 만약 당신이 문자를 보냈는데 바로 답을 하거나 전화를 꼬박꼬박 받는 여자라면 처음에는 관계 진전에 도움이 될지 모르겠지만 나중엔 거꾸로 당신에게 연락에 대한 스트레스를 줄 가능성이 높습니다.

처음에 당신의 연락에 그녀가 꼬박꼬박 답을 하는 것은 관심이 있어서일 수도 있고 원래 연락에 꼬박꼬박 답을 하는 스타일이기 때문일 수도 있습니다. 그러므로 처음에 연락을 잘 받는 것만으로 진정한 그녀의 모습을 알기는 어렵습니다.

연락을 했는데 답이 없다면 두세 번 더 해보세요. 혹시 두세 번이 아니라 열 번을 해도 답이 없다면 그것은 당신에게 전혀 마음이 없다는 뜻입니다. 그때는 깔끔하게 포기하셔도 됩니다.

셋째, 더치페이를 하지 마세요.

이 말이 남자의 분노를 자극할지도 모르겠습니다. "요즘 시대가 어느 땐데 남자만 돈을 내냐. 여자도 내야지!" 이 말에 반대해서가 아닙니다. 제가 하고 싶은 말은 '더치페이를 하면서 여러 여자를 만나지 말고 꼭 마음에 드는 여자만 더치페이를 하지 말고 만나라'는 것입니다.

보통 여자라면 남자가 식사를 내면 찻값 정도는 내려는 센스를 보일 것입니다. 그러나 여기서 중요한 것은 돈이 아닙니다. 당신이 돈을 쓰는 것에 대해서 감사해하는 그녀의 마음입니다. 보통 여자라면 당신에게 값비싼 선물을 요구하지도 않을 것입니다. 그러므로 당신에게는 그녀를 위한 데이트 비용과 이벤트 비용이 필요할 것입니다. 그런 돈이 아깝지 않다는 기분이 든다면 그녀를 좋아하는 것입니다.

만약 정말로 당신이 데이트 비용이 걱정될 정도의 경제적 능력을 갖고 있다면 그것은 당신의 인생이 걸린 문제가 됩니다.

당신은 앞으로 가족을 책임지는 가장이 될 것입니다. 지금 당장의 데이트 비용도 책임지지 못한다면 앞으로 평생 먹여 살릴 가족에 대한 책임도 못 지는 남자가 될 것입니다.

만약 상대방이 당신의 능력을 넘어서는 것을 노골적으로 요구한다면 그것은 당신에게 '돈만 바라는 것'이 맞습니다. 그러나 단순히 기념일 선물, 데이트 비용 정도만 당신이 부담하고 있다면 그것은 그녀도 당신이 애인이라는 것을 인정하고 신뢰하고 있다는 뜻도 됩니다.

넷째, 말이 아닌 행동으로 보여주세요.

남자들이 여자의 마음을 얻기 위해서 많은 노력을 한다는 것은 잘 알고 있습니다. 그런데 무엇보다 중요한 것은 말보다 행동입니다. 아침부터 저녁까지 한 시간 간격으로 달콤한 말로 문자를 보낸다고 해도 그녀를 찾아가지 않으면 당신은 그녀를 정말로 좋아하는 것이 아닙니다.

문자를 하루에 횟 빈 정도만 보내더라도 그녀를 만나기 위해 일주일에 한 번씩 꼬박꼬박 그녀가 있는 곳으로 달려가세요.

단기적으로 자주 연락하는 것이 그녀의 마음을 움직일지는 모르지만 장기적으로는 당신의 성실한 행동이 그녀의 마음을 얻게 될 것입니다.

다섯째, 스킨십은 늦게, 그리고 의미 있게 하세요.

당신은 좋아하는 여자라면 어떻게든 스킨십을 하고 싶다는 생각이 들 것입니다. 그런데 여자들에게는 스킨십에 대해 상당한 거부감이 있습니다. 이미 알고 있겠지만 스킨십은 늦게 진행하는 것이 좋습니다. 그리고 한 가지 팁을 드리자면, 이왕이면 의미를 두고 단계적으로 진행하는 것이 좋습니다.

예를 들면 처음 같이 영화를 보러 간 날 손을 잡는다든가, 처음 고백한 날 키스를 한다든가 하는 식입니다. 너무 고전적이라고요? 하지만 그런 고전적인 것에 여자들이 약하다는 게 포인트이지요. 이렇게 의미 있는 단계를 밟으며 스킨십을 발전시킨다면 여자들도 마음을 열고 자연스럽게 받아들일 겁니다.

제가 드리는 얘기는 모든 여자를 꾈 수 있는 '인기 있는 남자 되는 법'도 아니고 '이렇게 하면 백발백중 여자가 넘어온다'는 테크닉도 아닙니다. 당신이 정말로 좋아하는 단 한 명의 여자를 얻기 위한 방법입니다.

에필로그

미혼의 어두운 터널을 건너고 있는 여자들에게

'인어공주는 왜 결혼하지 못했을까' 인터넷 카페에는 많은 결혼 성공 사례들이 있다. 그리고 누구나 마음먹으면 알콩달콩한 '신혼일기'도 읽을 수 있다. 그런데 어떤 사람들은 이런 얘기를 한다.

'신혼일기'를 읽으면 오히려 기분이 나빠진다고 말이다. 다른 사람들의 신혼일기를 읽으며 '나도 저런 날이 오겠지'라고 생각할 수도 있는데 기분이 나쁘다니 의아하겠지만 이 말에 공감이 되는 분들도 많이 있을 것이다.

다른 사람들의 행복한 결혼 생활을 보고 있자니 왠지 지금의 내가 초라해 보이고 또 왠지 자기 자신은 결혼도 못할 것 같고 그런 남자도 못 만날 것 같고 아주 복잡한 마음이 드는 것이다.

나도 그런 마음에 무척 공감이 긴다. 나 역시 운이 좋게(혹은 나쁘게) 미혼의 시절이 반복되었고 길었기 때문이다.

미혼의 마음은 뭔가 모르게 늘 불안하고 우울하다. 아침에 일어나면 멀쩡히 출근하고 낮에는 일하지만 회사가 끝나고 집에 돌아오면 무언가 짜증이 나고 나만 재미 없게 사는 것 같고 이대로 늙어 죽는 게 아닐까 불안하기만 하다. 그런데 주변을 둘러보면 나만 못나서 이렇게 우울한 것처럼 다들 잘 사는 것 같다.

친구는 연휴 때 해외여행을 다녀왔다고 자랑하고 또 다른 친구는 승진이 되었다고 자랑하고 개중 별 볼일 없어 보이는 친구는 결혼을 한다고 한다. 정말 미혼이라면 결혼이라도 하든가 돈을 잘 벌거나 좋은 회사에 다니거나 아니면 업무로 좋은 평가를 받아야만 잘 살고 있는 것 같다.

나뿐만 아니라 결혼한 여자들이여! 솔직히 말해보자. 미혼일 때 얼마나 불안하고 우울했으며 지금 남편이 아니라면 평생 홀로 수많은 밤을 지새웠을지도 모른다고 생각하지는 않았는지. 집에 들어가기 싫어서 일부러 약속을 만들고 시간 없다는 친구 붙들고 술 마시자고 하거나 아니면 날 안 좋아하는 게 분명한 남자에게 희망을 버리지 못하고 매달려본 적이 없는지.

우리에게 미혼이라는 것은 '아가씨'란 아름다운 이름이 있지만 그 이면에는 그림자처럼 불안하고 우울한 마음이 있다. 그런데 사회는 이런 것을 두고 질투 아니면 찌질한 미혼들이나 갖는 감정이라고 치부한다.

나는 그 의견에 동의하지 않는다. 여자라면 누구나 '미혼의 어두운 터널'을 건너게 된다고 생각한다. 어떤 여자라도 아무런 고민 없이 어느 날 갑자기 '왕자님'이 눈앞에 딱 나타나지 않는다.

신데렐라에겐 새엄마와 언니들에게 구박받고 집안일을 하는 시련의 과정이 있고 백설공주는 궁전에서 쫓겨나 난쟁이들의 치다꺼리를 한다. 미녀와 야수에서 벨은 집을 떠나 야수의 거처에서 시련의 날들을 보내고 잠자는 숲 속의 공주도 숲 속에 버려진다. 사람에겐 누구나 시련의 과정이 있듯이 미혼의 과정이 있다.

미혼의 어두운 터널, 나 혼자만이 아니고 또 충분히 외롭고 우울한 과정이라고 인정해준다면 훨씬 마음이 가벼워질 것이다. 그리고 이런 미혼의 어둠이 있기에 결혼 후의 삶이 더 빛나는 것이 아닐까?

결혼이 내 인생의 모든 문제를 해결해줄 목표는 아니다. 하지만 조금 더 내 인생을 풍요롭게 해주고 상대방과의 관계를 공부하는 과정이 될 것임은 틀림 없다.

당신이 외롭고 힘든 이유가 '삼십대'라서, 돈을 많이 못 벌어서, 능력이 없어서가 아니라 정말로 사랑받는 한 사람과의 관계가 해결되지 않아서일 수도 있다. 그만 자기 자신을 괴롭히고 우리 함께 '미혼의 어둡고 긴 터널'을 걸어나가 빛을 맞이하자.

인어공주가 다른 남자를 만났다면 개정판

초판 1쇄 2014년 2월 10일
3쇄 2019년 5월 8일

지은이　|　피오나

발행인　|　이상언
제작총괄　|　이정아
편집장　|　조한별

발행처　|　중앙일보플러스(주)
주소　|　(04517) 서울시 중구 통일로 86 4층
등록　|　2008년 1월 25일 제2014-000178호
판매　|　1588-0950
홈페이지　|　www.joongangbooks.co.kr
페이스북　|　www.facebook.com/hellojbooks

ISBN 978-89-278-0525-0 13320

- 이 책은 저작권법에 따라 보호받는 저작물이므로 무단 전재와 무단 복제를 금하며
  책 내용의 전부 또는 일부를 이용하려면 반드시 저작권자와 중앙일보플러스(주)의 서면 동의를 받아야 합니다.
- 책값은 뒤표지에 있습니다.
- 잘못된 책은 구입처에서 바꿔 드립니다.

중앙북스는 중앙일보플러스(주)의 단행본 출판 브랜드입니다.